GUILHERME JUNQUEIRA

TEMPO, DINHEIRO & ATENÇÃO

Acelere seus resultados financeiros dominando os três recursos mais escassos do mundo

Diretora
Rosely Boschini

Gerente Editorial Sênior
Rosângela de Araujo Pinheiro Barbosa

Editoras
Juliana Rodrigues de Queiroz
Natália Domene Alcaide

Assistente Editorial
Fernanda Costa

Produção Gráfica
Leandro Kulaif

Preparação
Valesca Giuriati

Capa
Miriam Lerner | Equatorium Design

Projeto Gráfico
Marcia Matos

Adaptação e Diagramação
Plinio Ricca

Revisão
Wélida Muniz
Fernanda Guerriero Antunes

Impressão
Edições Loyola

CARO(A) LEITOR(A),
Queremos saber sua opinião
sobre nossos livros.
Após a leitura, siga-nos no
linkedin.com/company/editora-gente,
no TikTok **@editoragente**
e no Instagram **@editoragente**,
e visite-nos no site
www.editoragente.com.br.
Cadastre-se e contribua com
sugestões, críticas ou elogios.

Copyright © 2024 by Guilherme Junqueira
Todos os direitos desta edição
são reservados à Editora Gente.
Rua Natingui, 379 – Vila Madalena
São Paulo, SP – CEP 05443-000
Telefone: (11) 3670-2500
Site: www.editoragente.com.br
E-mail: gente@editoragente.com.br

Dados Internacionais de Catalogação na Publicação (CIP)
Angélica Ilacqua CRB-8/7057

Junqueira, Guilherme
    Tempo, dinheiro e atenção : acelere seus resultados financeiros
dominando os três recursos mais escassos do mundo / Guilherme
Junqueira. - São Paulo : Editora Gente, 2024.
    160 p.

ISBN 978-65-5544-463-6

1. Desenvolvimento profissional I. Título

24-1328   CDD 658.3

Índices para catálogo sistemático:
1. Desenvolvimento profissional

NOTA DA PUBLISHER

Em meio à vertiginosa correria da vida moderna, profissionais e empreendedores com frequência se encontram presos em um turbilhão de tarefas, demandas e expectativas. A pressão por resultados imediatos, aliada à constante mudança e à falta de perspectivas, pode desmotivar e frustrar até os mais determinados. E, se tem algo que realmente me deixa indignada, é me deparar com tantas potencialidades sendo desperdiçadas por falta de foco e estratégia.

Guilherme Junqueira compartilha dessa mesma indignação. Ele descobriu cedo que poderia alcançar autonomia e transformar a sua vida a partir do trabalho, então, tocado pela curiosidade, percebeu que alcançar o sucesso não era um bicho de sete cabeças – pelo contrário, poderia ser simples, desde que o foco e a energia estivessem direcionados para o lugar certo. A partir disso, tomou para si a missão de ajudar outros profissionais e empresas a se desenvolverem e escalarem.

É deste contexto que nasce o livro *Tempo, dinheiro e atenção*, e aqui o autor nos convida a repensar nossa relação com o tempo, o dinheiro e a atenção, reconduzindo-nos a um caminho de propósito e realização. Por meio de estratégias e insights calculados, e com uma linguagem acessível, Guilherme nos guia por uma jornada de crescimento profissional, fornecendo todas as ferramentas necessárias para que o leitor tire o melhor proveito de suas habilidades e alcance seu maior potencial.

Não tenho dúvida de que este livro será um divisor de águas em sua jornada, tanto pessoal quanto profissional, e que, a partir dele, você irá garantir reconhecimento, realização e sucesso. Boa leitura!

ROSELY BOSCHINI
CEO e Publisher da Editora Gente

AGRADECIMENTOS

Gostaria de agradecer a Deus pela minha vida, pela minha família e pelas oportunidades, bênçãos e proteções que me foram dadas. Antes de agradecer a alguém, é sempre bom agradecer ao Criador.

Neide Junqueira, você é a minha guerreira! Obrigado pela luta, pela dedicação, por ser essa mãe que, contra tudo e contra todos, venceu! Você me ensinou a importância do trabalho, não mediu esforços para investir na minha educação e na do meu irmão, e, hoje, se eu sou quem sou, com a garra, a resiliência e o humor que tenho, é por conta de ti. Muito obrigado!

Quero agradecer também à minha esposa, Patricia Reis. Falar do meu amor por você chega a doer no peito. Obrigado por ser minha parceira de vida, nos altos e baixos, por ser quem me ouve e quem me inspira! Obrigado pelos nossos filhos, Theo e Lia, e por todo o legado de humildade, ética, esforço e trabalho duro que estamos deixando para eles!

Por fim, gostaria de agradecer a todos os amigos, mentores, investidores, sócios, alunos, clientes, professores; pessoas que, de maneira singela, passaram pela minha vida, deixaram sua contribuição, e agora podem ser honradas e homenageadas neste livro. São tantos nomes, tantas histórias, tantas risadas, tantos choros, muita gente legal, muita gente boa. Muito obrigado!

Nós não somos quem somos sozinhos. Na busca de encontrar quem somos, encontramos, nos outros, espelhos e portais que nos refletem – em seus erros e acertos, Redbulls e kriptonitas – mas, acima de tudo, que nos transportam para novos mundos e horizontes capazes de transformar ainda mais pessoas.

Um agradecimento especial a todos os alunos e ex-alunos da Gama que contribuíram com todo o processo de metodologia, de aplicabilidade, de laboratório, de testes, de evolução, através de habilidades técnicas e comportamentais, porque foi por meio dessas pessoas que pude refinar, ao longo de quase oito anos, tudo o que compartilho neste livro. Foi vendo histórias sendo transformadas por mudanças singelas que pude presenciar tudo isso acontecer.

A todos esses alunos e alunas da Gama, que entenderam que são protagonistas da própria história, que pararam de terceirizar o processo de aprendizado, que fizeram um comprometimento gigantesco em entender pessoas, e que nessas pessoas viram conexões genuínas sendo criadas, atenção sendo chamada, gerando, como consequência, a realização financeira. Um crescimento de dez vezes mais em relação ao que ganhavam anteriormente. Meu muito obrigado a todos vocês!

Como professor e pesquisador, deixo meu agradecimento a você, leitor, e o convite para que me acompanhe, principalmente no Instagram, no perfil @guijunqueira. Lá, vou continuar utilizando a metodologia que trago aqui e que espero que milhares de pessoas também consigam usar.

Quero escrever um novo livro em breve, falando sobre minha jornada, meu novo ciclo, as pessoas e os negócios que vou impactar. Bora vir para a revolução, que está apenas começando, através da educação!

Empreender, empregar, educar. Esse é o meu mantra de vida, e esse mantra também pode ser seu! Bora fazer isso acontecer, juntos!

SUMÁRIO

Prefácio_____9

Introdução_____13

    Capítulo 1 – A síndrome da vinheta do *Fantástico*_____24
    Capítulo 2 – Empregados e empreendedores à deriva__38
    Capítulo 3 – Fazendo bom uso dos recursos escassos__54
    Capítulo 4 – A Teoria das Conexões_____62
    Capítulo 5 – O propósito transformador massivo_____86
    Capítulo 6 – Quanto mais você se desenvolve,
               mais dinheiro tende a ganhar_____98
    Capítulo 7 – A *iceberg framework*_____112
    Capítulo 8 – A *fast learning framework*_____126
    Capítulo 9 – A remuneração exponencial na prática____140

Como usar seu tempo é uma escolha_____156

PREFÁCIO

No mundo do esporte, assim como na vida, a distinção entre sucesso e mediocridade frequentemente reside na habilidade de gerenciar eficientemente recursos escassos. Tive a honra de conhecer Guilherme Junqueira durante a primeira turma do curso de liderança que ministrei junto a Luis Vabo e Ricardo Basaglia, onde o Junqueira emergiu não apenas como um aluno dedicado, mas como uma mente brilhante capaz de oferecer contribuições que enriqueceram significativamente a experiência de aprendizado de todos os participantes.

Essa primeira impressão se solidificou ao longo do tempo, especialmente após gravarmos um podcast juntos, momento que consolidou minha admiração por sua visão e liderança. Desde então, uma mútua apreciação por nossos respectivos desafios profissionais tem sido uma constante em nossa relação.

O livro *Tempo, dinheiro e atenção* é uma obra que transcende o convencional ao abordar não apenas a gestão desses recursos, mas como sua otimização pode acelerar o alcance de resultados significativos tanto na esfera pessoal quanto na profissional. Este prefácio tem como objetivo não apenas introduzir a você, leitor, a relevância desta leitura, mas também compartilhar insights que transcendem as páginas do livro, trazendo para a realidade os ensinamentos que o Junqueira busca transmitir.

DOMINANDO RECURSOS ESCASSOS PARA O SUCESSO

Na minha jornada como técnico, enfatizei incansavelmente a importância de uma gestão eficiente do tempo, da dedicação inabalável ao objetivo e da construção de uma estratégia sólida que antecipa e neutraliza os desafios. O sucesso, seja em quadra ou fora dela, demanda um equilíbrio delicado e a gestão astuta desses elementos. Com uma maestria comparável, Guilherme explora a essência desses mesmos princípios aplicados ao âmbito dos negócios e da vida cotidiana.

A teoria das conexões, um pilar central deste livro, enfatiza a importância de estabelecer e nutrir relações humanas estratégicas como um catalisador para o crescimento pessoal e profissional. Este conceito ressoa profundamente com a filosofia que sempre procurei instilar em minhas equipes: o poder do coletivo e a força das conexões. É a sinergia entre o individual e o coletivo que pavimenta o caminho para conquistas extraordinárias.

APRENDIZADO ATRAVÉS DOS ERROS

Um dos aspectos mais valiosos deste livro reside na disposição do Junqueira em compartilhar não apenas suas vitórias, mas também os erros cometidos ao longo de sua trajetória. Essa honestidade proporciona um aprendizado autêntico e tangível, que se alinha perfeitamente com a realidade de que o caminho para o sucesso é repleto de desafios e adversidades. Cada erro, cada falha, carrega consigo uma lição preciosa, uma oportunidade de crescimento e aprimoramento.

POR QUE LER ESTE LIVRO?

Você pode se perguntar: "Por que deveria dedicar meu tempo a esta leitura?" A resposta é simples, mas profunda: *Tempo, dinheiro e atenção* não é só um manual sobre como alcançar o sucesso financeiro; é um guia para viver de forma mais plena, aproveitando ao máximo os recursos mais preciosos que temos, oferecendo uma perspectiva renovada sobre como abordar desafios, maximizar potenciais e viver uma vida alinhada com seus valores mais profundos.

O livro nos convida a embarcar em uma jornada de autoconhecimento em que a otimização do tempo, a gestão eficaz do dinheiro e a conquista da atenção adequada se tornam as chaves para desbloquear um futuro de realizações e satisfação. Ao aplicar os princípios delineados neste livro, você não estará apenas acelerando seus resultados financeiros; estará redefinindo o que significa viver uma vida rica em propósito e significado.

UM CONVITE À TRANSFORMAÇÃO

Este livro é mais do que uma leitura; é um convite à transformação. Convido você, assim como fiz com inúmeras equipes ao longo dos anos, a abraçar esses ensinamentos com mente aberta e coração disposto. Esteja você buscando acelerar sua carreira, aprimorar suas habilidades de liderança ou simplesmente viver uma vida mais equilibrada, estas páginas contêm as chaves de que você precisa para destravar seu potencial máximo.

Tempo, dinheiro e atenção é, sem dúvida, uma leitura obrigatória para aqueles que aspiram não apenas a alcançar o sucesso, mas a redefini-lo em seus próprios termos. Ao final desta jornada, espero que, assim como eu, você descubra que os maiores tesouros são aqueles que cultivamos dentro de nós e nas conexões que estabelecemos com o mundo ao nosso redor.

A jornada para a excelência começa com a decisão de dar o primeiro passo. Que este livro seja seu companheiro nessa caminhada rumo a um futuro de incontáveis possibilidades.

BERNARDO REZENDE (BERNARDINHO)
Jogador e treinador de voleibol, economista e empresário.

INTRODUÇÃO

Meu nome é Guilherme Junqueira, sou natural de Campo Grande, Mato Grosso do Sul, onde nasci em 1988. Era para eu me chamar Ulysses, porque nasci no dia da promulgação da nova Constituição da República, e o político e advogado Ulysses Guimarães foi um dos principais responsáveis por ela. Minha mãe quase trocou meu nome por conta desse fato. Coincidentemente, o dia 5 de outubro é também o Dia do Empreendedor, então prefiro essa data comemorativa e acredito que nasci no dia em que deveria nascer.

Sou filho de mãe solo, vendedora de produtos da Hermès, Avon, Natura, Abelha Rainha. Ela os vendia para me criar, até o dia em que passou em um concurso da prefeitura e começou a trabalhar na área da Saúde. Foi atendente de posto de saúde, de consultório odontológico, até conseguir fazer um curso profissionalizante de técnico em higiene dental, o que mudou sua vida.

Fui criado em uma quitinete, que ela conseguiu comprar por meio de um programa do governo, paga em parcelas ao longo de muito tempo. Aos 14 anos, comecei a trabalhar para ajudar minha mãe, pois ela tinha varizes nas pernas e precisava de remédios caros que não estavam disponíveis no posto de saúde onde trabalhava.

Nessa época, minha mãe havia conseguido uma bolsa de estudos para mim. Fui bolsista a vida toda, desde a primeira série até o terceiro ano, estudei em uma escola particular, a Funlec, pertencente a uma fundação, o que facilitou que ela conseguisse a bolsa. Comecei a trabalhar em uma banca do Ceasa, que era do pai de um amigo com quem eu estudava. Isso já demonstra que havia diferença de classes na minha escola.

Essa primeira ocupação foi extremamente importante para mim, porque descobri a importância do trabalho e a verdade por trás da frase "o trabalho dignifica o homem". Eu ganhava 150 reais por semana, trabalhando das quatro até as nove da manhã, carregando caixas de tomate cujo peso equivalia ao meu, isso porque eu tinha apenas 14 anos.

Um mês depois de eu ter começado a trabalhar, minha mãe, ao me ver completamente arranhado, descobriu o que eu estava fazendo. Por eu pegar as caixas e as apoiar no peito para carregá-las, parecia que eu tinha caído de moto no asfalto. Apesar da preocupação dela, fui promovido a carregar sacos de batatas em outra banca, pois eu era um dos mais disciplinados; meu salário aumentou para 175 reais. E ali fiquei por quase seis meses, até minha mãe não se conformar mais com o sacrifício que eu fazia para que ela pudesse comprar a rivaroxabana, e me indicar para o dono de uma banca de jornal, que precisava de alguém para fazer um serviço mais leve: plastificar as revistas e evitar que o povo ficasse lendo, sem levar nenhum exemplar.

Assim, Martoni Mendes foi meu primeiro patrão oficial, que realmente me ensinou e inspirou. Ele era administrador de empresas e diretor de uma grande empresa de materiais de construção, além de dono da banca de jornal, e eu ficava em sua casa plastificando as revistas. Sua esposa era proprietária de um salão de beleza, então eu tinha dois empreendedores administradores como grandes formadores da minha conduta, do meu jeito de ser.

Eu me lembro que, com esses primeiros salários, comprei dois pastéis, um para mim e outro para minha mãe, mais um par de chinelos para ela e um short para mim. Aquela sensação de ter me esforçado, de ter obtido um resultado – naquele momento, o dinheiro – e poder fazer o que eu queria com ele nunca mais saiu da minha cabeça.

Hoje, como pai de duas crianças, meu maior objetivo é ensinar meus filhos a conseguirem as coisas por seu próprio esforço, e eles sabem disso. Eles vendem seus picolés para os amiguinhos na área comum do condomínio e nós reinvestimos a renda que eles conseguem comprando mais picolés.

O meu foi um grande começo de vida, e eu queria ter uma casa muito parecida com a dos meus patrões, que era bem diferente da quitinete onde eu vivia. A banca de revistas também me proporcionou uma coisa muito legal. A revista que eu parava para ler era justamente a *Superinteressante*, cheia de curiosidades, que despertava em mim o querer saber tudo sobre todas as coisas e sobre o mundo, e eu sempre fui aquela criança que ficava ao redor dos mais velhos, para ouvir e fazer perguntas, ouvir e aprender.

Ser curioso me levou a ser empreendedor. A curiosidade é uma das skills mais poderosas que alguém pode ter, porque se você tem curiosidade, algum dia ela vai despertar outra habilidade igualmente importante, e de sobrevivência, que é a de se comunicar.

Você vai ter que fazer perguntas. Como aluno, nunca fui reprovado, porque apesar de nunca fazer as tarefas, fui aquele estudante que fazia todas as perguntas que existiam nas matérias de Geografia, Biologia, entre tantas outras. Hoje, meus ex-professores se lembram de mim por ter sido arteiro, bagunceiro, mas também por ter sido aquela pessoa que tirava notas altas sem nunca ter feito as tarefas, não ter passado nem ter pedido cola nas provas, mas ter feito todas as perguntas possíveis; ter sido chato de tanto perguntar as coisas. Esse foi o Junqueira aluno.

Saltando na história até o tempo em que comecei a empreender com alguns amigos, consegui ganhar um jogo de luz que eu alugava para outras pessoas, para uso em festas. Depois, passei a vender filhotes de cachorro. Aí entendi que tecnologia era algo importante, e organizava eventos em uma lan house perto da minha casa. O empreendedorismo sempre esteve comigo nesse tempo todo.

No momento de ir para a faculdade, passei em Educação Física na Federal, mas tinha passado também na PUC de Campo Grande, em Administração. Ao falar com um tio, ele me disse que, em Administração, eu aprenderia mais coisas, teria mais possibilidades. Fiz a escolha por influência dele, que hoje é muito bem-sucedido, um fazendeiro que já trabalhou na Embratel.

Fiz Administração mesmo sem ter grana para pagar o curso. Minha mãe pagou a matrícula, então eu disse que seria a última vez que ela precisaria deixar de usar seu dinheiro com alguma outra coisa para usar comigo. Minha relação com o dinheiro tinha começado antes daquilo, pois eu havia estagiado na Caixa Econômica na época do Ensino Médio.

No banco, trabalhei na área de malotes, no departamento que atendia pessoas jurídicas. Como trabalhava com lotéricas, carregava dinheiro. Certa vez, precisei transportar 65 mil reais até o cofre da maior agência da Caixa Econômica de minha cidade, e pensei: *O peso do dinheiro é grande. O peso para ganhar é ainda maior.* Eu via o trabalho duro daquele pessoal, e ali tive dois chefes, que também me influenciaram a fazer a faculdade de Administração, pois eram pessoas que formavam pessoas. Você só consegue deixar um legado quando forma outras pessoas.

Eles me fizeram ser bom no relacionamento interpessoal, a ser diligente em relação aos compromissos. Eu trabalhava seis horas por dia e achava pouco, acabava ficando mais. Minha escola era perto, então eu ficava mais duas horas no banco até dar o horário de ir para lá, à noite, para cursar o terceiro ano do Ensino Médio.

Já na universidade, fui trabalhar no próprio ambiente acadêmico. Estagiei no almoxarifado da faculdade, carregando caixas e caixas, e cuidava de toda a movimentação de carteiras de sala de aula, equipamentos de datashow e mesas, fazia as mudanças de setor de um lugar para outro, era o famoso "changueiro", aquele que cuidava do transporte das cargas pesadas. Pensava que um dia ensinaria ao meu filho que um tijolo pesa mais que uma caneta, e que para carregar a caneta era preciso estudar muito, para não precisar carregar o tijolo.

Em dois ou três meses fui promovido e comecei a trabalhar na área de multimeios, que mexia com tecnologia, provia os professores de computador e datashow, e resolvia os problemas de informática. Por ser comunicativo, fui convidado a ser cerimonialista nos eventos.

Aquela foi uma grande descoberta, pois, pela primeira vez, fui mestre de cerimônias em um evento para 300 pessoas, com a presença do reitor. Foi épico para mim, e cheguei até a trabalhar minha oratória. Penso que quem sabe organizar um evento sabe organizar qualquer coisa na vida, pois é o que dá mais trabalho, tem muitas complexidades e questões de última hora para resolver. Aquele ensinamento me inspirou até a criar exercícios na Gama para a criação de um evento.

Dali fui ser gerente de hospital veterinário. Já estava contratado como CLT, era visto por toda a faculdade. Fiquei lá por quase três anos e meio, minha última posição no ambiente acadêmico foi essa. O próximo passo seria como trainee. Um dia, passaram nas salas de aula divulgando um processo seletivo, e eu botei na cabeça que queria ser trainee de alguma das empresas mais difíceis de entrar, que, na época, eram um grande banco multinacional e um fabricante de bebidas. A concorrência era entre 600 e 800 candidatos por vaga. Escolhi concorrer à da fabricante de bebidas: estudei, passei e entrei.

Fiz todo o ciclo de trainee da empresa. Éramos 16 pessoas, passamos por vários setores de lá: rota, logística, produção... me identifiquei mais no comercial, no marketing e no posicionamento das marcas. Lá, tive que liderar uma mesa de oito pessoas, que tinham pelo menos o dobro da minha idade. Eram vendedores, todos da área comercial, e aprendi muito sobre branding, gestão, cultura organizacional e, principalmente, vendas. Foi uma grande escola.

Em paralelo a isso, comecei a namorar. Meu sogro estava afastado pelo INSS, e aquilo me fez refletir sobre o empreendedorismo na faculdade. Fundei uma empresa-júnior e organizei dois projetos gigantescos que ainda estão em atividade, o Minha Primeira Empresa e o Feira de Negócios. Sempre fui muito envolvido com o assunto – e isso me faz pensar também que a faculdade não faz tanto por você, quem fará por você é sua dedicação e sua força de vontade. Se você não quer ser todo mundo, faça sempre algo a mais.

No final do ciclo como trainee, eu precisava escolher em que área seguir. Ganhava 6,5 mil reais como trainee e pagava as contas de tudo mundo nos bares, pois tinha ido do mais quebrado ao mais poderoso de todos, quem ganhava o melhor salário. Meu caminho era continuar ou continuar, mas a mosquinha do empreendedorismo me picou com uma proposta do meu sogro. Ele tinha feito um guia comercial de bairro e me convidou a vender os volumes, propôs que eu fizesse isso no meu horário livre, entre o trabalho e a faculdade. Topei, fui oferecer o produto no próprio campus, e em duas semanas, tinha faturado 2,5 mil reais.

Não acreditei naquilo. Pensei que se sozinho, vendendo guias em um horário tão restrito, eu faturava quase um terço do meu salário como trainee, então se eu me associasse ao meu sogro, formasse outros vendedores e fizesse um guia por bairro, a gente ganharia 10, 20 mil reais.

Então, com toda a cara e a coragem, no dia em que ia ser promovido, pedi minha demissão. Que decisão difícil foi aquela! Hoje, estaria no topo da hierarquia da empresa, pois atualmente tem gente da diretoria lá que era da minha época.

Tomada a decisão, fui empreender e criei a Click Bairro, uma empresa de guias comerciais para bairros, que em dois anos cresceu bastante. No segundo ano, tínhamos 12 funcionários, faturávamos meio milhão de reais, atuávamos na cidade inteira e em mais outros municípios, até que tomamos um tombo monumental: a empresa que tinha de nos entregar um software simplesmente nos deixou na mão. Quebramos ao ponto de ficar devendo para os bancos.

Fiquei com uma dívida enorme e com o nome sujo. Meu sogro, que agora era ex-sogro, virou ainda ex-sócio, embora a amizade continue. Peguei minha carteira de trabalho e fui tentar arrumar emprego. Arrumei uma vaga em uma empresa de tecnologia. Na quebra da Click Bairro, tinha sido enganado justamente pelos responsáveis pela nossa tecnologia, então jurei a mim mesmo que jamais seria enganado novamente, pelo menos não nessa área.

Trabalhar com tecnologia foi maravilhoso. Eu fazia a venda de softwares de ERP e cheguei a ser diretor comercial de todo o estado, aprendendo a importância de conciliar vendas com tecnologia. Nessa época, conheci os programadores que viriam a ser meus futuros sócios, e propus a eles que montássemos uma *software house*, uma empresa que criasse software para os outros, assim como aquela que não entregara para mim o software que eu havia contratado para desenvolver a Click Bairro. Se eu havia tomado um tombo por causa disso no passado, agora estava do outro lado da mesa: eu era o vendedor, e tinha dois programadores ao meu lado.

Nosso empreendimento saiu do absoluto zero e se tornou um dos principais *players* de games do Brasil. Pelos games, ele quase quebrou – na época, isso não dava dinheiro no país. Nossa sociedade se desfez: para um lado foram os que curtiam games e ficaram com o portfólio; para o outro, foram os que curtiam prestação de serviços, que se especializaram em desenvolvimento de aplicativos. Hoje, a galera dos aplicativos é uma das empresas top 5 no desenvolvimento de apps do Brasil, sendo responsável, por exemplo, pelo aplicativo do Rock in Rio. Se você tiver ido ao festival de música, saiba que foi indiretamente meu cliente por conta desse negócio que ajudei a montar.

Nesse meio-tempo, começamos a atender o estado de São Paulo, então me mudei para lá para ter mais clientes. Por meio de um amigo, comecei a atender a primeira *venture builder* brasileira, uma empresa que cria startups do zero. Passei a fornecer softwares, então eles me chamaram para ser um dos CEOs das *assets* que estavam criando.

Assim, vendi minha parte na empresa de fornecimento de softwares, entrei na *startup house*, e fui liderar quatro negócios que precisavam de validação para, então, crescerem. No fim das contas, criamos dezesseis startups, das quais apenas duas deram certo e hoje valem muito dinheiro; todo o resto quebrou. Foi uma experiência incrível. Fizemos uma fusão com a startup israelense de tecnologia para eventos, Bizzabo, da qual fui Country Manager. Participei dos bastidores da criação de uma startup unicórnio, que vale mais de 1 bilhão de dólares, que no início se chamava Controly e depois foi renomeada para Banco Neon. Apesar dos insucessos, foi uma tremenda escola do que *não* fazer.

Depois dessa experiência, resolvi criar no meu estado um movimento de startups, que organizava eventos e competições. Chamei a atenção de algumas pessoas em nível nacional, me juntei a outros empreendedores e fundei a Associação Brasileira de Startups, (Abstartups). Atualmente, ela é a maior entidade da América Latina de fomento à tecnologia e ao empreendedorismo. Em quatro anos de dedicação, criei o maior evento de startup da América Latina, a Conferência Anual de Startups e Empreendedorismo (CASE).

Em 2015, resolvi me dedicar a algo para mim. Dando aulas no exterior pela Abstartups, vi um modelo de escola de tecnologia que fornecia talentos para as principais empresas do ramo. Tentei fazer uma filial deles aqui, mas não demonstraram interesse, cobrando um valor absurdo para isso. Então, criei a Gama Academy. Meu intuito era transformar vidas, aí pensei na história do dr. Robert Bruce Banner, que, após ser atingido por raios gama, se transforma em seu poderosíssimo alter ego, o Incrível Hulk. Assim surgiu a Gama Academy.

Ao longo desses anos de existência da Gama Academy, cujas carreiras iniciais são programação, design, marketing e vendas, mas que ensina também sobre hard e soft skills, tivemos mais de 52 mil alunos, mais de 800 empresas atendidas e captamos investimentos com os maiores investidores do país. Hoje, a escola é uma das referências em educação brasileira na área da tecnologia, reconhecida por publicações como a *Forbes* e instituições como a Singularity.

Minha trajetória me proporcionou vários conhecimentos que me levaram a entender que é preciso aprender constantemente e colocar todo o aprendizado na prática, o tempo todo. E que é muito importante descobrir o que você gosta de fazer, e faz bem, para que o mundo o remunere com o valor que você merece ganhar.

Então, resolvi criar o método que trago neste livro, e que é espelho das minhas descobertas, vivências e dos meus experimentos profissionais. Com ele, você aprenderá a identificar sua razão de viver e como ganhar dinheiro por meio dela. Ser pleno e próspero em sua carreira e deixar um legado que cause impacto positivo no mundo é possível, mas depende de você trilhar o caminho que proponho aqui.

Agora que lhe contei minha jornada pelo caminho do empreendedorismo, quero que conheça as ferramentas que desenvolvi para que você também se realize, prospere e viva a vida que merece ter.

Boa leitura!

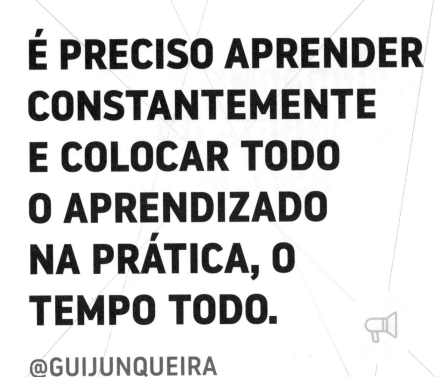

É PRECISO APRENDER CONSTANTEMENTE E COLOCAR TODO O APRENDIZADO NA PRÁTICA, O TEMPO TODO.

@GUIJUNQUEIRA

01.
A SÍNDROME DA VINHETA DO *FANTÁSTICO*

Você está na sala, ao ritmo despreocupado do domingo e, de repente, a música de abertura do programa *Fantástico*, a que a família está assistindo reunida, o arremessa de volta à amarga realidade de que no dia seguinte começa a semana e que você precisa trabalhar. Todo mundo já sentiu calafrios ao ouvir a vinheta desse programa dominical tão tradicional, e ela é até um clássico quando falamos da aflição que acomete as pessoas ao pensar nas segundas-feiras. Sentir isso vez ou outra é normal e até esperado, mas e se essa sensação passa a ser permanente? Não poderia ser um indício de que algo vai mal na relação com o trabalho?

Sempre digo que grandes problemas requerem bons diagnósticos. Às vezes, vamos a uma consulta médica de rotina e lá descobrimos algum mal que nos aflige, e então começamos um tratamento. E se o trabalho fosse como o corpo humano e nos mostrasse sinais, prognósticos e anamneses, ou nos indicasse a necessidade da realização de exames que precisamos fazer para saber se estamos bem ou não? E se ele dissesse, ainda, o que é preciso fazer na sequência?

Pois, sim, o trabalho tem essa capacidade, e certamente nos dá pistas do nosso estado emocional e de saúde. Hoje, ele é a principal fonte de remuneração para a grande maioria dos brasileiros. Então, mesmo com a dependência do salário, quando você odeia com todas as forças as segundas-feiras e, por outro lado, ama as sextas, isso acontece porque já está em um nível de descontentamento com seu trabalho que demonstra que ele provavelmente não faz mais sentido em sua vida.

A repulsa que sente à vinheta do *Fantástico* é só uma reação a um sentimento que você não quer mais ter. No entanto, você está refém de algo de que precisa, mesmo que não queira, pois ele é sua fonte de renda e subsistência. Se, no domingo à noite, você tem um pico de ansiedade que lhe dá tremedeira, desânimo ou tristeza por ter que acordar cedo no dia seguinte, pegar mais de uma condução e ter de ir trabalhar em um lugar onde você faz um esforço físico, mental ou emocional muito forte, há um grande problema que precisa ser resolvido. Um conflito entre o precisar e o querer. É esse conflito que faz as pessoas estarem constantemente atrás de vagas no mercado, mesmo que às vezes lhes falte autoconhecimento e foco.

PROFISSIONAIS FOCADOS EM CARGOS, NÃO EM HABILIDADES

Às vezes, não são vagas ou oportunidades que estão faltando, mas, sim, nós que as procuramos nos lugares errados, pelas palavras erradas. Conheço uma jornalista excelente que sempre trabalhou em grandes jornais, que escreve muito bem, sabe caçar fontes como ninguém e fazer ganchos de matérias com utilidade pública, e ela sempre foi assim. O tipo de pessoa que, em teoria, jamais ficaria sem emprego.

No entanto, os grandes grupos de mídia impressa estão em decadência há algum tempo. Vemos verdadeiros impérios da comunicação ruírem, jornais locais e nacionais desaparecerem, editoras de revistas decaírem. Então, se você é da época em que um jornal tinha suas 50 ou 80 páginas, lembra desses bons tempos, porque hoje em dia são poucas as páginas que restam para informar, vender publicidade ou fazer anúncio em classificados. Hoje em dia, encontramos qualquer informação de maneira muito mais rápida que em um jornal, e isso fez a indústria ser corroída e se dissolver.

Esse conhecimento do modo de fazer antigo e de trabalhar de modo factual acabou levando essa jornalista conhecida minha a perder o emprego. Quando isso aconteceu, ela se viu desolada, pois tinha se concentrado, em seus dez, quinze anos de carreira, na mesma coisa, sem ter se preocupado em estudar, em se atualizar ou entender a linguagem digital. Ela acabou "ficando para trás" e se viu desesperada, com o filho no colo, desempregada, mandando currículos como jornalista e repórter para as poucas opções que ainda havia em sua cidade. No entanto, só via a si mesma sob prisma do jornalismo.

Quando nos resumimos a uma função ou cargo, acabamos entrando em uma caixinha e nos especializando cada vez mais em uma função. O que é bom, por um lado, porque nos faz seguir em direção a uma maior experiência, entrega e senioridade, a trabalhar com mais eficiência e afinco; porém, precisamos lembrar que temos habilidades variadas que, somadas, justificam nossos cargos. Essas habilidades não necessariamente *são* nossos cargos.

Assim, em um churrasco, quando perguntei a ela em que era boa, o que sabia fazer bem, ela me disse que sabia procurar fontes confiáveis, encontrar bons personagens, contar histórias interessantes, conectar ações e coisas que estão acontecendo de maneira factual com histórias antigas, reciclando-as. Eu, então, perguntei a ela o que achava de algumas profissões como *copywriter*, *content manager*, redator on-line, além de outras pertencentes a mundos em que os profissionais precisavam trabalhar com textos de cunho jornalístico para informar, entreter, educar e fazer vender.

Enumcrar cssas funções, mesmo com palavrinhas em inglês, fez com que ela entendesse que não era só a limitação da língua que a impedia de trabalhar com essas atribuições, mas, sim, ter "parado no tempo" e não ter se atualizado. Todo mundo que sabe escrever bem precisa continuar se aprimorando para se desenvolver em pontos que são fracos. Há sempre uma variedade de habilidades nas quais precisamos nos aperfeiçoar.

O exemplo que eu dei serve para várias profissões. Se você é psicólogo e perdeu o emprego ou não está conseguindo se conectar mais com a função, entenda quais são as habilidades que o fazem ser, hoje, um bom psicólogo. Pode ser que você tenha uma capacidade fora do comum de ser empático, por exemplo. Aí, pode se perguntar: "Quais outras profissões requerem que o profissional seja empático?". Atendimento, talvez? Funções relacionadas ao pós-venda, como responsável por *customer experience*, ou a eventos, geralmente requerem habilidades de empatia e boa relação interpessoal.

Fico frustrado quando vejo pessoas que se limitam a cargos e carreiras de um modo muito superficial, nominal, e não de uma maneira mais ambivalente, focada em habilidades. E esse é só um dos motivos que levam as pessoas a serem infelizes no trabalho. Há quem, por exemplo, siga determinada carreira não pensando em si mesmo, mas em agradar à própria família ou a alguém que exerceu uma influência positiva sobre si.

Mas será que isso só acontece com quem é colaborador, ou seja, trabalha na empresa de outros? Eu te digo que não. A necessidade de agradar os outros, e até motivos mais sérios e palpáveis, como a necessidade de pagar as contas, acabam levando alguns a abrirem os próprios negócios, ainda que sem planejamento ou estudo prévio.

MOVIDOS PELA NECESSIDADE

Segundo um levantamento realizado pela fonte de pesquisa Global Entrepreneurship Monitor (GEM) e divulgado pelo Serviço

Brasileiro de Apoio às Micro e Pequenas Empresas (Sebrae),[1] em 2021, a maioria dos empreendedores seniores (60%) abriu um negócio por necessidade. Empreender por necessidade está ligado à sobrevivência: é abrir uma barraquinha de cachorro-quente ou pipoca para ter uma renda, prestar um serviço a um amigo.

Já empreender por oportunidade é aproveitar que no seu bairro não existe determinada oferta, poder oferecer um produto ou serviço para suprir essa demanda e lucrar com isso. No Brasil, é muito mais frequente que as pessoas empreendam por necessidade.

Como empregado ou empreendedor, muita gente se deixa aprisionar pela histeria de precisar de um salário no final do mês para pagar as contas, e isso condiciona a pessoa a viver seu trabalho de uma maneira mais árdua, triste e sem propósito. A vida vira um círculo vicioso atrás de salário, e o viver acaba resumido a isto: fazer contas ao longo do mês para pagá-las ao final dele.

ESFORÇOS POUCO OU NADA RECONHECIDOS

Um dos grandes problemas enfrentados pelos que são empregados é a falta de reconhecimento. Esse é um aspecto crucial nos negócios, tanto que afeta diretamente a retenção de talentos. Segundo um estudo feito pela empresa de consultoria Robert Half e divulgado

---

[1] ABERTURA de negócio por necessidade cresce entre os empreendedores mais velhos. **Sebrae**, 9 nov. 2022. Disponível em: https://agenciasebrae.com.br/cultura-empreendedora/abertura-de-negocio-por-necessidade-cresce-entre-os-empreendedores-mais-velhos/. Acesso em: 4 dez. 2023.

no portal G1,[2] a ausência de reconhecimento foi a razão de 44% dos entrevistados pedirem demissão voluntária.

Tive uma aluna, a quem chamaremos de J. R., que era o exemplo perfeito de alguém que não recebia o devido reconhecimento por parte do empregador. Ela trabalhava em uma fintech em Campinas, onde já estava havia quatro anos, sempre se dedicando ao máximo. Entrou na empresa na área de atendimento, então migrou para a comercial, depois foi para o marketing, área pela qual se apaixonou, e lá ficou.

No entanto, ela tinha uma visão completamente transversal sobre o marketing, achando que era uma área isolada e que não dependia de outras, como o departamento financeiro – que precisava fazer os meios de pagamento funcionarem – ou o de tecnologia – que precisava deixar o site da empresa de tecnologia sempre em ordem, em prol da geração de leads.

Assim, diante da ineficiência de algum outro setor, ela acabava trabalhando muito além do que era o seu escopo, fazia bem mais do que precisava, e nunca teve reconhecimento a contento. Pelo contrário: lidava com um ambiente tóxico, cheio de líderes machistas, que assediavam moral e sexualmente os colegas que estavam ao seu redor.

Para piorar, J. R. via pessoas sendo promovidas por terem casos com os líderes das áreas paralelas à sua. Apesar do trabalho árduo, ela não recebia o mesmo reconhecimento. Foi naquele momento que ela percebeu que estava entregando demais, e a empresa devolvendo

---

[2] CAVALLINI, M. Motivação no trabalho: 89% das empresas reconhecem que bons resultados estão ligados à felicidade dos colaboradores, diz pesquisa. **G1**, 20 mar. 2023. Disponível em: https://g1.globo.com/trabalho-e-carreira/noticia/2023/03/20/motivacao-no-trabalho-89percent-das-empresas-reconhecem-que-bons-resultados-estao-ligados-a-felicidade-dos-colaboradores-diz-pesquisa.ghtml. Acesso em: 4 dez. 2023.

de menos. Não era um problema velado, já que ela havia tentado de tudo para deixar isso claro nas conversas que tinha com os superiores. No fim, entendeu que, na verdade, era a empresa que não a merecia. Mudou-se de cidade, foi para São Paulo trabalhar em uma grande seguradora, o que fez seu salário praticamente triplicar em um ano.

O FOCO EQUIVOCADO EM APENAS UM SEGMENTO

Em muitos segmentos mais tradicionais, como o farmacêutico, o agropecuário ou de seguros, quando uma pessoa constrói uma trajetória profissional muito focada neles, sem olhar para outros nichos, ela tende a construir, em um intervalo entre cinco e dez anos, uma carreira um pouco mais linear, que olha cargos e salário de acordo com o local onde ela está e acaba se fechando em algumas regras e encaixes que a prejudicam.

Um aluno meu, Rodrigo, tinha muita experiência na indústria farmacêutica. Por muito tempo ficou estagnado. Somente depois de um período de dez anos na mesma empresa e cargo é que foi mudar de uma função cujo salário era de aproximadamente 3 mil reais para ganhar quase cinco.

Rodrigo tinha perfil sênior, mas recebia o salário equivalente ao de um analista. Às vezes, quando seu chefe estava de licença, ele ficava responsável pela coordenação interina da área. Quando começou a conhecer o mundo digital e as habilidades que tinha, principalmente em relação ao relacionamento com clientes, desenvolvimento de negócios, *pipeline* de vendas, abordagem e fechamento de transação comercial, percebeu que tinha uma bagagem muito maior do que várias outras pessoas que já estavam inclusive ganhando mais do que ele dentro da área.

Ao fazer a transição de carreira, Rodrigo se deu conta de que estava, de fato, com um salário inadequado em relação à experiência que possuía, pura e simplesmente por não ter termos de comparação. Quando isso acontece, quando conseguimos olhar para a grama do vizinho e perceber que ela está mais verdinha do que a nossa, é o momento de ir até lá e pisar, para ver se aquilo não é grama sintética, ou seja, se é pura enganação, se realmente não é uma grama de verdade, que vai te receber melhor.

Foi justamente isto que Rodrigo fez: com base em suas habilidades, em seis meses migrou de carreira, conseguiu um salário mais adequado à experiência e ao potencial de que dispunha e que não estava sendo aproveitado por estar em um trilho de trem único e exclusivo, que ele julgava ser o certo, sem atentar para as demais possibilidades.

EMPRESAS CHEIAS DE "NERVOSINHOS"

No início da Gama Academy, tive experiências com algumas pessoas de perfil jovem, na faixa dos 20 anos, que tinham uma certa raiva dentro de si pela figura do empresário, como se ele fosse um explorador, e o colaborador, um ser explorado. No processo seletivo não tive como validar os valores desses profissionais, então só notei essa característica quando eles começaram a contaminar os colegas e se transformaram nas "maçãs podres do cesto".

Costumo dizer que há os perfis do "nervosinho" e do "nervoso", sendo que, em qualquer ambiente, prefiro o último. O nervoso é aquele tipo de pessoa que, ao ver uma cadeira quebrada, se queixa dela, mas depois vai até o almoxarifado e reclama com o responsável, com o profissional que pode resolver o problema. Ele tem essa disposição de solucionar.

Já o nervosinho é o tipo que reclama pelos corredores, nos bebedouros, na hora do almoço, e fala nos bastidores com as pessoas que não apenas não resolvem, mas se dispõem a causar ainda mais intriga. O nervosinho tem uma visão muito clara de se achar vítima, de que a empresa deve servi-lo e de que seu resultado pouco importa, pois no final das contas ele sempre precisará de um salário maior, com mais benefícios e mais atenção.

Os nervosinhos são indivíduos que terceirizam toda a responsabilidade de ter sucesso na carreira para a empresa: têm de vir dela a promoção e o plano de carreira. Os negócios que cultivam esse tipo de profissional estão cheios de gente que só reclama e pouco resolve, pouco produz.

FALTA DE PLANEJAMENTO, LIDERANÇA E ADAPTABILIDADE

É muito difícil encontrar pessoas que planejam de verdade a própria carreira. Brinco que é raro achar gente que não se deixe influenciar e não permite que o Zeca Pagodinho determine a trilha sonora de sua vida, cantando "deixa a vida me levar, vida leva eu". Nada contra o cantor ou a música, é claro, mas infelizmente poucos são os que têm clareza do que desejam para o futuro, mesmo quando falamos de um pequeno espaço de tempo, como em uma janela de cinco a dez anos. A grande maioria está perdida quanto ao rumo profissional que deseja tomar.

Em um estudo conduzido entre os alunos da Gama Academy, com 20 mil pessoas, pude comprovar que apenas 30% delas tinham clareza de para onde queriam ir. Entre as que efetivamente sabiam o que desejavam, elas tinham como alvo, prioritariamente, três objetivos: encontrar seu propósito, ter autonomia e ter flexibilidade.

O salário, por sua vez, tinha pouca importância entre os entrevistados. Isso significa que dinheiro não é importante? Pelo contrário, ele tem, sim, seu valor; porém, para essa nova geração que está chegando e que tem menos de trinta anos, o primeiro ponto a se definir é o propósito. É entender para que se está no mundo, e entender que o propósito é o esforço interno da organização e de seus colaboradores em prol de causar um impacto positivo externo no mundo, seja ele financeiro, social ou de qualquer outra natureza. Eles querem empresas que proporcionem uma transformação positiva, pois essas são as que retêm mais talentos, e muitas empresas ainda não fazem isso.

Uma pesquisa feita em fevereiro de 2023 pela marca americana de roupas corporativas Carhartt, com mais de mil jovens *millennials* e da geração Z, e publicada na revista *Forbes*,[3] indica que muitos deles, mais precisamente 44% do espaço amostral, revelaram ter dificuldade de "encontrar um emprego que se alinhe com seus valores".

De volta ao estudo conduzido pela Gama Academy, muitos também manifestaram o desejo de ter autonomia. Esse dado mostra que há falta de líderes preparados. Há muita gente frustrada nos mercados tradicionais porque têm líderes medíocres, que são chamados de chefes: pessoas com medo de as outras de baixo crescerem e tomarem seu lugar. São profissionais que só mandam, mas não querem treinar seus liderados, pois não entendem que o papel da liderança é ser exemplo, e não simplesmente mandar e chicotear.

Nos últimos anos, todas as estruturas que estavam sob o modelo de comando e controle foram perdendo espaço, e isso aconteceu porque há profissionais inquietos, incomodados. Há neles um fogo aceso de querer ajudar, querer transformar o mercado de trabalho.

---

[3] PERNA, M. C. Por que a geração Z busca empregos que tenham propósito. **Forbes**, 30 mar. 2023. Disponível em: https://forbes.com.br/carreira/2023/03/por-que-a-geracao-z-busca-empregos-que-tenham-proposito/. Acesso em: 4 dez. 2023.

São os incomodados que conseguem ter um aumento exponencial nos salários e melhores condições na carreira.

Muitos querem ter flexibilidade nas condições de trabalho, mas com ela vem junto a responsabilidade. Não adianta trabalhar em home office e poder viajar o mundo inteiro desempenhando uma função se você não tiver responsabilidade, se suas entregas e sua autogestão de tempo não estiverem de acordo com o que a empresa necessita.

Por isso, muitos profissionais que migram para o modelo de trabalho remoto – como designers, programadores, coordenadores de marketing digital ou gerentes de vendas on-line, entre outros – acabam se frustrando porque não têm um líder ao lado, colegas que os ajudem a se desenvolver, e ainda sentem a pressão pela entrega, acabam não sabendo se autogerir e ter a flexibilidade e a autonomia que tanto queriam em contrapartida ao resultado que as empresas esperam.

DORES DO EMPREENDEDORISMO

Engana-se quem acredita que basta se tornar empreendedor para se livrar de problemas na carreira. Também quem empreende enfrenta muitos desafios, ainda que geralmente sejam de outra ordem.

Um amigo meu, dono de uma *software house* (uma empresa de desenvolvimento de sistemas e aplicativos), vivia dentro do redemoinho da operação, tocando todas as atividades do dia a dia (pois o CEO precisa estar sempre presente) e se esqueceu de pensar em sua estratégia de longo prazo. Com isso, perdeu a oportunidade de ter sua empresa adquirida: o interessado em seu negócio acabou comprando seu concorrente, que era menor e tinha uma qualidade pior do que a sua empresa, mas que estava, de certo modo, com o olhar para fora, e não o tempo todo focada nos trâmites internos. Eles otimizaram a própria operação, automatizaram processos e conseguiam ter essa visão mais ampla, mesmo tendo um produto pior.

Outra pessoa que conheço, proprietária de uma empresa de consultoria de inovação, que atua em grandes empresas com projetos de *open innovation*, criação de estratégias de aquisição de startups e de novos produtos, tem um tipo de cliente específico, os C-Levels. Ela sempre tentou fazer um modelo de vendas muito forçado, focando pouco o relacionamento, mas esse público precisa de aproximação para se interessar e sentir confiança, pois são esses os atributos que trazem propostas e fazem com que sejam fechados novos negócios. Ela não dava valor ao networking e acreditava que, nos eventos, era só entregar cartões e agendar reuniões. Precisava entender que o relacionamento ia além daquilo: era também estar em grupos de empreendedores e em um hall de palestrantes de eventos de destaque, para aprimorar seu relacionamento e fazer sua carreira dar uma guinada. Depois que ela passou a adotar esse comportamento, sua carreira mudou por completo.

Além da rede de relacionamento, o valor é um item importantíssimo para o sucesso do empreendedor. O dono de um *e-commerce* de moda, que foi morar em Portugal com a esposa, não entendia qual era o valor do próprio tempo e do tempo que poderia investir em seu negócio. Assim, a gestão de seu tempo era muito ruim, pois não conseguia dimensioná-lo entre a família e o negócio. Acabou deixando de lado a rotina com os filhos e se tornou escravo de uma agenda totalmente operacional, nada estratégica e que prejudicava sua vida pessoal. Seu problema, na verdade, era a dificuldade de liderar, de delegar tarefas e contratar pessoas boas. Quando entendeu a escassez de seu tempo, desenvolveu essas habilidades em prol de ter mais qualidade de vida.

Neste livro, vou abordar todos esses aspectos e dar ferramentas para que você conheça melhor suas habilidades e tire proveito delas para ter um crescimento profissional significativo, totalmente adaptado às demandas de mercado, seja como empregado ou empreendedor. Espero você no próximo capítulo!

02.

EMPREGADOS E EMPREENDEDORES À DERIVA

O que causa uma febre? Às vezes, temos uma inflamação, uma dor de garganta, por exemplo, e a febre é um alerta de que algo está errado, um sinal. Não só para o corpo humano vale isto: quando há problema em uma máquina, ela geralmente toca uma sirene de alerta; quando você está quase batendo o carro, na hora de estacionar, ele toca um bipe indicando a proximidade perigosa de outro veículo ou de uma barreira.

Por isso, digo que uma coisa é o sintoma, outra coisa é o que o causa. O sintoma é o que eu sinto, vejo e me alarma; já a causa é o que o provoca. É importante diferenciarmos um do outro na hora de falar sobre carreira, porque, às vezes, nos sentimos doentes e não sabemos o motivo da "febre"; temos em mãos o termômetro que nos indica o sintoma, mas não temos claro o porquê dele.

Traduzindo isso em termos práticos do dia a dia, vejo essas "inflamações" com frequência no ambiente corporativo. Um dos agentes que as causam é o despreparo de alguns profissionais dos departamentos de Recursos Humanos, que geram ambientes inadequados, por exemplo.

As empresas contratam pessoas para preencherem vagas de modo a completar suas operações e realizar a produção de seus produtos e serviços. Quando há um ambiente muito transicional, que exige pouca capacidade intelectual dos colaboradores, há abundância de profissionais que, mesmo com pouco treinamento, conseguem exercer funções variadas para suprir demandas. Então esse sistema vira uma fábrica de contratações, uma *talent machine* que, de ponta a ponta, pega profissionais e os ensina de modo precário, o suficiente apenas para suprir uma necessidade.

Isso acontece porque a oferta e a demanda são descasadas. Há muita gente mal capacitada ocupando um número grande de cargos. Essa é a junção do excesso de vagas com os baixos salários. Para se ter uma ideia de quanta gente está insatisfeita com o próprio salário, segundo pesquisa da empresa global de consultoria Gartner, realizada em 2022, 68% dos trabalhadores acham injusto o salário que recebem.[4] Para Tony Guadagni, diretor sênior da Gartner Prática de RH, uma das condições econômicas que estimulam essa percepção salarial é o mercado aquecido.

Quando vemos empresas com esse perfil transicional, que se preocupam mais com quantidade do que com qualidade, há essa questão do treinamento superficial, que cria uma fábrica de profissionais despreparados e de remuneração baixa.

Se o treinamento já é básico, que dirá um direcionamento de carreira que estimule a ascensão do funcionário. Ele não existe, porque a rotina do trabalhador resulta em uma engenharia processual robótica, na qual ele entra, faz o que tem que fazer e depois simplesmente vai embora. Não há o momento do feedback, do investimento em melhoria. Ele não tem ciência de qual será o próximo nível de sua evolução.

Sempre antes de culpar um profissional por ser ineficiente, é preciso olhar para a própria cadeia produtiva e entender se os processos básicos estão sendo feitos. Quando fazemos o nosso básico como empregador,

---

[4] LIMA, L. Justiça salarial: 68% dos trabalhadores acham injusto o salário que recebem. **Exame**, 4 jan. 2023. Disponível em: https://exame.com/carreira/justica-salarial-68-dos-trabalhadores-acham-injusto-o-salario-que-recebem/. Acesso em: 18 dez. 2023.

aí, sim, podemos cobrar o básico do funcionário. Um trabalho básico bem realizado de um lado gera um desempenho básico (e bem-feito) do outro, e ambos geram um resultado pleno perfeito.

LIDERANÇAS DESPREPARADAS NO AMBIENTE CORPORATIVO

Outro problema no ambiente corporativo que resulta em treinamentos deficitários são as lideranças ineficientes. Quando as pessoas estão a um passo de ter um burnout, se mostram insatisfeitas com o trabalho, têm crise de ansiedade e síndrome da vinheta do *Fantástico*. Isso se deve em grande parte à presença de líderes despreparados, que se comportam apenas como chefes, chegando a passar mensagens equivocadas ou pouco confiáveis aos liderados.

De acordo com um estudo realizado pelo centro global para o estudo da confiança em empresas, governo, mídia e ONGs, Edelman Trust Institute,[5] 63% dos líderes de empresas tentam conduzir os liderados de forma errônea de propósito, dando informações que sabem ser falsas ou exageradas. Esse tipo de atitude mina a confiança dos trabalhadores em relação aos líderes.

Na situação contrária, quando há líderes inspiradores, que servem de exemplo aos liderados, os colaboradores produzem mais, demonstram mais felicidade e crescem na carreira. De acordo com o estudo que já mencionei no capítulo 1, feito pela empresa de consultoria Robert Half para entender como empresas e trabalhadores se sentem

---

[5] EDELMAN. **Edelman Trust Barometrer 2022**. Disponível em: https://www.edelman.com/sites/g/files/aatuss191/files/2022-01/2022%20Edelman%20Trust%20Barometer%20FINAL_Jan25.pdf. p. 15. Acesso em: 18 dez. 2023.

em relação ao trabalho,[6] 94% dos profissionais entrevistados afirmam que a satisfação na atividade profissional é influenciada pela atuação dos líderes. Dentro desse grupo, 50% deles não só estabelecem essa associação como acreditam que esse é um fator essencial para se chegar à felicidade no ambiente laboral.

Por isso, é importante salientar que o bom líder não é o bom chefe. Chefe é quem manda, quem usa seu poder para determinar que os outros façam atividades específicas. A figura do bom líder é representada por quem dá suporte e direção aos liderados em busca de resultados e sucesso para a empresa. Isso também gera responsabilidade no que diz respeito ao futuro do negócio e à carreira dos colaboradores, tanto para o bem quanto para o mal.

Uma pessoa que responde a um líder fraco, que não transmite as orientações adequadas, além de ficar desconfiada, pode se sentir perdida e negligenciada. Quando o ambiente é propício à convivência com colaboradores tóxicos, há espaço para o assédio e para a negligência com o desenvolvimento dos profissionais, impedindo-os de ir de um ponto A até um ponto B, ou seja, de evoluir em suas trajetórias.

O pior sentimento que existe na categoria desses líderes ruins, que só trazem infelicidade e má remuneração às pessoas, é a insegurança. Ela gera um sentimento de ameaça e propicia a criação de ideias equivocadas, ligadas a teorias da conspiração, de que aquela pessoa que está abaixo, por ser muito boa, pode roubar seu cargo da liderança. Esse tipo de líder atrapalha muito qualquer cultura organizacional.

---

[6] CAVALLINI, M. *op. cit.*

No livro *As 48 leis do poder*, de Robert Greene,[7] há uma regra de influência, persuasão e crescimento que diz: "Não ofusque o brilho de quem está acima de você". O autor afirma que subir na carreira não necessariamente tem a ver com chamar atenção, pois há tanta gente insegura com a ascensão, que pode acabar se sabotando caso apareça excessivamente. Ou seja, até para se fazer notar e ser bem-visto há regras específicas que devem ser seguidas.

SOFT SKILLS: TÃO OU MAIS ESSENCIAIS QUE AS HARD SKILLS

Desde a infância, não somos treinados para conhecer nossas habilidades emocionais e socioemocionais. Há uma longa tradição que considera as soft skills como atributos fáceis e inatos. Mesmo a nomenclatura adotada para elas as deturpa e é equivocada, pois de "*soft*" elas não têm nada. Se pensarmos nos contextos em que a palavra é adotada, vemos que ela soa como o oposto do que se propõe. *Soft drink*, por exemplo, é o "drinque suave", sem álcool, mas não chega a ser verdadeiramente um drinque, por isso o traduzimos como "refrigerante".

Por isso, prefiro pensar nesses atributos como people skills ou human skills. Na Gama Academy, ao longo dos anos, adotamos essa última nomenclatura, human skills. Preferimos esse nome porque, em geral, as pessoas não acordam simplesmente querendo desenvolver suas soft skills; elas querem, na verdade, aprimorar as hard skills: fazer cursos de Excel, marketing digital, tráfego pago, lógica, entre outros conhecimentos técnicos que demoram mais para ser aprendidos e, por isso, apresentam um desafio maior.

---

[7] GREENE, R. **As 48 leis do poder**. Rio de Janeiro: Rocco, 2012.

Entretanto, quando pensamos em formas de acelerar os resultados, o "óleo" dessa engrenagem são, na verdade, as soft skills. Quando são encaradas como aceleradores do crescimento, são elas que dão agilidade ao motor, mas simplesmente não somos educados para valorizá-las e desenvolvê-las. A falta delas e, consequentemente, a miopia em enxergar nossas próprias forças e fraquezas – ou, como as chamo, nossos Redbulls e nossas kriptonitas –, não nos permitem entender a razão de agirmos de certo modo em ocasiões determinadas.

As soft skills são essenciais, pois são um mapa de nossos comportamentos. Elas dizem muito sobre nós mesmos e sobre quais aspectos de nossas personalidades devem ser trabalhados. Às vezes, estamos tentando fazer um elefante subir em uma árvore ou uma tartaruga correr uma maratona, quando, na verdade, nossos esforços deveriam ser direcionados para outros objetivos que aproveitassem melhor nossos talentos.

Há ocasiões em que, comparando os perfis no LinkedIn de profissionais que passaram pela Gama Academy, percebo como determinado sujeito pode ter uma habilidade incrível em uma área específica do conhecimento, mas não cresce tanto na carreira quando comparado a outro que não tem tanto domínio na mesma área, porém sabe muito mais sobre si mesmo, de modo a desenvolver exponencialmente suas soft skills.

PROPÓSITO, AUTONOMIA E PODER DE DECISÃO

A falta de autonomia e de poder de decisão também são aspectos que geram insatisfação e resultam em demissão, estagnação de carreira e má remuneração no mercado de trabalho. São diversos os perfis de profissionais afetados por esses problemas, e o resultado é sempre o mesmo: profissionais insatisfeitos, que não desenvolvem todo seu potencial nas empresas em que atuam.

Os profissionais que querem mais autonomia em suas funções e não a obtêm tendem a deixar a empresa; outros, que têm o perfil de "pau-mandado", creem que está tudo bem atuar em um ambiente no qual não têm poder de decisão e acabam entregando mais do mesmo. Não fazem nada além do que é esperado, e têm resultados aquém dos que poderiam ser atingidos.

Em uma pesquisa realizada na Gama Academy, com um universo amostral de 20 mil alunos, chegamos à conclusão de que os três primeiros motivos que fazem um profissional escolher determinada empresa para trabalhar são: propósito, autonomia e flexibilidade. O propósito e o alinhamento dele com o ambiente laboral é tão determinante que, de acordo com o Instituto Edelman, em seu estudo Barômetro da Confiança,[8] realizado em 2021, seis em cada dez funcionários escolhem seu empregador com base em valores e crenças.

Cada vez mais as novas gerações de pessoas talentosas buscam elementos que consideram fundamentais, que são: *negócios que tenham propósitos claros*, ou seja, que evidenciem que todo o esforço interno terá impacto positivo externo; *autonomia em suas funções*, isto é, querem saber o que precisa ser feito, mas querem decidir a maneira como isso se dará; desejam poder fazer do jeito delas, sugerir caminhos, e não simplesmente ter um chefe que as obrigará a atuar do modo como ele acha correto e mais eficiente; *flexibilidade*, com relações de trabalho que sejam verdadeiras parcerias e em que se um dia o colaborador precisa sair mais cedo,

---

[8] FARIA, R.; PIPPONZI, R. Mais que trabalhar, novos talentos querem empresas para fazer o bem. **Mercado & Consumo**, 6 set. 2023. Disponível em: https://mercadoeconsumo.com.br/06/09/2023/artigos/mais-que-trabalhar-novos-talentos-querem-empresas-para-fazer-o-bem/. Acesso em: 19 dez. 2023.

isso lhe será permitido. Porém, caso ele precise ficar até mais tarde ou trabalhar em um sábado, ele também se comprometa a fazer isso pela empresa. É uma relação que funciona como uma via de mão dupla.

NÃO SABER PARA ONDE IR

Um dos piores tipos de empresa é aquela que não tem clareza de para onde seus colaboradores estão indo. Todo profissional deveria ter direito a um encaminhamento claro, uma noção de progresso dentro do ambiente em que atua, mas, infelizmente, isso nem sempre acontece no mundo corporativo. As empresas buscam posições fixas para apenas suprir necessidades, o que prejudica a evolução de seus funcionários.

Imagine, por exemplo, um supermercado que está sempre precisando de reposição dos produtos nas gôndolas. Essa função é contínua. O que tende a acontecer com um bom repositor dentro desse ambiente? A permanência dele em seu cargo, pois, como diz o ditado, "em time que está ganhando não se mexe". Porém, quando aplicado ao lado profissional, ele gera o efeito oposto, visto que é justamente no time que está ganhando que se deve mexer, com um aumento de salário que seja, no intuito de reconhecer a eficiência daquele funcionário e reter o talento na equipe.

Contudo, essa não é a realidade da maior parte dos empreendimentos. Assim, esse bom repositor começa a olhar a grama do vizinho, que pode ser mais verde, por mais que seja sintética e ilusória. Ainda que por um aumento tímido de salário, em detrimento de outros benefícios que podem ser até de valor mais alto que a própria diferença de salário entre uma empresa e outra, é nessa hora que o talento foge do empregador que não o reconhece.

Nos Estados Unidos, chegou ao ponto de existir um movimento denominado *Quiet Quitting* – algo como Demissão Silenciosa –, em que trabalhadores fazem o mínimo exigido na função, não indo além do esperado. Isso acontece, entre outras causas, devido ao não reconhecimento de seus esforços por parte dos empregadores. Segundo pesquisa realizada pela empresa especializada em felicidade corporativa, a Reconnect Happiness at Work,[9] em parceria com a Feedz, uma startup que atua no ramo de digitalização de processos de Recursos Humanos, 41% dos entrevistados revelaram que a questão financeira fala mais alto e que a oferta de uma oportunidade com melhor remuneração é a razão para que eles peçam as contas.

Daí também a importância do diálogo (que, muitas vezes, é o que falta no ambiente corporativo): o empregador precisa deixar claras suas expectativas em relação ao funcionário e vice-versa. É preciso que o plano de carreira tenha uma trilha clara a ser percorrida com o respaldo da empresa, indicando que, se o funcionário fizer bem seu trabalho, ele vai ganhar mais por isso; se ele fizer bem e ainda ensinar aos colegas, ele vai poder liderá-los; se ele se tornar um especialista, vai poder se aprofundar no tema e ter o apoio da empresa para se desenvolver, com o pagamento de cursos e investimento na evolução desse colaborador, e assim por diante.

O que os colaboradores desejam não é necessariamente um plano definido, escrito pelo departamento de Recursos Humanos, especificando quanto tempo eles devem passar em cada função; afinal, isso está muito atrelado a instituições mais engessadas como

---

[9] LIMA, L. *Quiet quitting?* 50% dos trabalhadores não se sentem engajados, diz pesquisa. **Exame**, 27 jan. 2023. Disponível em: https://exame.com/carreira/quiet-quitting-50-dos-trabalhadores-nao-se-sentem-engajados-diz-pesquisa/. Acesso em: 19 dez. 2023.

bancos e empresas públicas, por exemplo. Quem deveria ter em mente seu plano de carreira é o próprio funcionário, em consonância com a projeção do negócio. Às vezes, o caminho a percorrer é muito nebuloso, mas ninguém melhor que você mesmo para defini-lo. Daí a importância do diálogo contínuo com a empresa, e não simplesmente delegar a ela esse aspecto da relação profissional. Na verdade, isso também é uma via de mão dupla, mas ninguém melhor do que você para saber onde está pisando e para onde está indo.

IMPACTOS DA DESIGUALDADE SALARIAL ENTRE GÊNEROS

Um grande problema cultural no ambiente laboral é a desigualdade de salários entre homens e mulheres, que ocorre desde que as mulheres fizeram sua incursão no mercado de trabalho. Ela também é uma fonte de insatisfação muito recorrente.

Imagine uma mulher que tem desafios dentro da carreira, sempre sofrendo comparações com seus colegas homens, e tendo à sua volta um ambiente que não é propício para o crescimento dela, muito pelo contrário, é tóxico na maioria das vezes, com assédio moral e sexual, permeado de desconfianças de que se a mulher cresceu muito rápido na carreira é porque ela "fez coisa errada", com especulações de que ela possivelmente se relacionou com o chefe ou com o dono da empresa. Enfim, um ambiente que envolve uma série de preconceitos e estereótipos ligados ao machismo.

Esses preconceitos se refletem em diversas estatísticas. Segundo Carmen Migueles, professora e pesquisadora da Escola Brasileira de Administração Pública e de Empresas da Fundação Getulio Vargas do Rio de Janeiro (FGV-RJ), a massa salarial feminina é, em média, 30%

menor do que a masculina.[10] Para ela, a "difícil questão da preferência das mulheres por empregos menos remunerados" e a dupla jornada de trabalho, com a falta de remuneração adequada e o cuidado doméstico, estão entre as causas, e podem atingir todas as classes sociais.

Conforme as mulheres avançam na idade adulta, isso só piora. Há empresas que, por preconceito, não as contratam por receio de que se tornem mães e saiam de licença-maternidade, e então terão de arcar com os custos dessa licença, ou ainda de voltarem após a licença e se demitirem por vontade de cuidar do filho. São diversas as discriminações que as mulheres sofrem e que só contribuem para a insatisfação generalizada no ambiente de trabalho.

EMPREENDEDORES NÃO ESTÃO IMUNES

Quando se depara com os problemas que apresentei no início deste livro em relação ao mercado laboral, muita gente pensa em empreender somente para escapar deles e ser dona do próprio nariz. De fato, meu intuito neste livro é trazer consciência a você, leitor, e ajudá-lo a catapultar sua carreira, mas não sem antes lhe mostrar os percalços a serem superados, inclusive no ato de criar seu próprio negócio, para só então obter sucesso e propósito.

A falta de estímulos para empreender no Brasil é muito forte. Para começar, não temos como base uma cultura que incentive o empreendedorismo. Conforme falei no capítulo anterior sobre a

---

[10] NERY, N. O Assunto #996: A diferença de salário entre homens e mulheres. **G1**, 5 jul. 2023. Disponível em: https://g1.globo.com/podcast/o-assunto/noticia/2023/07/05/o-assunto-996-a-diferenca-de-salario-entre-homens-e-mulheres.ghtml. Acesso em: 19 dez. 2023.

pesquisa da GEM divulgada pelo Sebrae, 60% dos empreendedores sêniores o fazem por *necessidade*, e não por *oportunidade*.

No Brasil, o preconceito contra o empresário e o empreendedor é até mesmo cultural. Em entrevista concedida ao programa *Roda Viva*,[11] da TV Cultura, o economista Roberto Campos afirmou que a mentalidade antiempresarial deriva de uma definição errônea da inflação, que predomina no país há muitas décadas. Nossos programas monetários que vieram antes do Plano Real treinaram a população a pensar que a inflação é a alta de preços, e consequentemente o empresário seria responsável por ela, sendo que isso não é verdade – a inflação é a expansão monetária, e a alta de preços é o resultado dela. Até hoje essa confusão nos causa problemas.

O empreendedor é (ou deveria ser) aquele que começa um negócio olhando para uma oportunidade e para um problema a ser resolvido. Ele tem a sua solução. Começa pequeno, pensa grande e cresce rápido, se der os passos certos. O difícil é que este é um país onde os impostos, a burocracia, a corrupção e até o acesso aos recursos para montar e solidificar uma empresa – ajudando clientes, contratando pessoas, gerando empregos e renda – são grandes desafios, se comparados a fazer sucesso na carreira como alto executivo, com um salário na casa das dezenas de milhares de reais.

O empreender é uma opção de carreira bem mais desafiadora. São poucos os que conseguem evoluir e crescer nela. Segundo o Sebrae, as pequenas empresas, ou seja, justamente as que estão começando, são as que têm maior índice de mortalidade. De acordo com a pesquisa

---

[11] RODA Viva | Roberto Campos | 1997. 2021. Vídeo (1h 32min 41s). Publicado pelo canal Roda Viva. Disponível em: https://www.youtube.com/watch?v=u46o-Avc9GY. Acesso em: 19 dez. 2023.

Sobrevivência de Empresas,[12] de 2020, as microempresas têm uma taxa de mortalidade, após cinco anos, de 21,6% e as de pequeno porte, de 17%.

Dar o pontapé inicial em si já pode ser dramático. Um dos motivos disso é a falta de recursos financeiros para abrir um negócio. Muitas empresas começam prestando serviços e têm essa facilidade de, em teoria, não ter muitos custos que requeiram grandes investimentos, exceto aqueles relacionados justamente à divulgação de sua prestação de serviços, como assessoria para redes sociais, ou outras, como manutenção de computadores e tarefas relacionadas a obras, como serralheria, elétrica etc.

No entanto, há aqueles que desejam começar um negócio fabricando produtos, como uma mini-indústria. Como desenvolver esse trabalho sem dinheiro? É preciso começar aos poucos porque a dificuldade de acesso a crédito é gigante. Segundo a pesquisa Financiamento dos Pequenos Negócios no Brasil,[13] também realizada pelo Sebrae, 54% das solicitações de financiamento foram negadas em um período de seis meses entre o primeiro e o segundo semestre de 2023.

Além disso, atualmente no Brasil é necessário ter de seis a doze meses de conta bancária aberta, em nome de um CNPJ, para que você possa

---

[12] GUERRA, A. C. Sebrae: pequenos negócios têm maior taxa de mortalidade. **Agência Brasil**, 27 jun. 2021. Disponível em: https://agenciabrasil.ebc.com.br/economia/noticia/2021-06/sebrae-pequenos-negocios-tem-maior-taxa-de-mortalidade. Acesso em: 19 dez. 2023.

[13] IGNORADOS pelos bancos, 4 em cada 10 pequenos negócios usam o cartão de crédito para financiar a empresa. **Agência Sebrae**, 19 set. 2023. Disponível em: https://agenciasebrae.com.br/dados/ignorados-pelos-bancos-4-em-cada-10-pequenos-negocios-usam-o-cartao-de-credito-para-financiar-a-empresa/. Acesso em: 19 dez. 2023.

tentar um empréstimo na casa de alguns milhares de reais. Conseguir crédito é tão difícil que às vezes acaba desestimulando os empreendedores a tentarem obter recursos para investir em seus negócios.

Como se não bastasse essa falta de capital, também há carência de entidades que estimulem o desenvolvimento intelectual dos empreendedores. Ou seja, existe uma falta de preparação para esses profissionais. Há instituições em nível nacional como todas as do Sistema S – formado pelo Senai, SESC, SESI e Senac –, e algumas mais específicas para determinados setores, como a Associação Brasileira de Startups (Abstartups), da qual sou um dos fundadores, que apoiam o empreendedor com capacitação, acesso a capital e talentos. Apesar disso, ainda há o grande desafio de fornecer cada vez mais incentivos para que projetos empreendedores sejam criados por pessoas das mais diversas faixas etárias, localidades e segmentos de mercado.

Em termos de burocracia, o Brasil é um dos países onde há mais demora para se abrir e encerrar um negócio, obter licenças, contratar pessoas e pagar impostos, que são necessidades extremamente onerosas para o empreendedor. Ou seja, para além de financiamento, o dinheiro para custear processos burocráticos no Brasil também se faz necessário.

Eu sempre brinco que empreender aqui é como tentar subir uma escada rolante que está descendo. Ou seja, você continuará no mesmo lugar sempre, então precisa correr e fazer muito mais do que em geral empreendedores precisam fazer em outros países. Por isso, sou um grande apaixonado pelo potencial criativo, resiliente e executor do empreendedor brasileiro que, com trabalho duro e ambição acima da média, pode colocar no bolso empreendedores norte-americanos ou europeus.

Apesar disso tudo, furar a bolha e criar uma empresa que cresça, seja sustentável e lucrativa é extremamente possível, e eu sou o exemplo vivo disso. Neste livro vou lhe mostrar os caminhos para você chegar ao seu próprio negócio, se assim o desejar. Afinal de contas, nunca vi um concursado público na lista dos milionários ou bilionários da *Forbes*. Nada contra esse modelo de carreira, mas se você, assim como eu, gosta de resolver problemas, gosta de pessoas e quer deixar um legado para o mundo, empreender pode ser seu grande caminho de carreira e sua recompensa será a liberdade de escolha que o sucesso financeiro vai proporcionar. A partir do próximo capítulo, começarei a mostrar as variáveis que tornam viável ter uma carreira de sucesso e de crescimento exponencial. Nossa jornada está apenas começando!

03.
FAZENDO BOM USO DOS RECURSOS ESCASSOS

alamos sobre diversos aspectos que trazem infelicidade à nossa vida laboral e, às vezes, quando estamos imersos em culturas organizacionais tóxicas, ou quando nos vemos diante de um problema que poderia ser solucionado por determinados produtos ou serviços, não nos sentimos capazes de criar a empresa que cuidará dessas questões. Por vezes, até o ambiente físico onde atuamos nos causa desconforto.

Questões físicas como a qualidade das cadeiras, a temperatura do escritório e as condições gerais das instalações são básicas, mas são só alguns exemplos de um primeiro passo. No entanto, o conceito de *Happiness at Work* vai muito além e está diretamente relacionado com a capacidade que uma empresa tem de cultivar e agir de acordo com seu propósito, fazendo a equipe sentir que está realizando um trabalho importante para a sociedade e alinhado com seus propósitos pessoais. A empresa também deve promover um ambiente inspirador, da mesma forma como faz com os clientes, criando experiências incríveis que sejam lembradas em todos os momentos da vida, e não só quando se está trabalhando.

A forma como vivemos experiências cada vez mais personalizadas como consumidores gerou, nos últimos anos, um movimento em que colaboradores querem essa mesma vivência, mas no ambiente corporativo. As pessoas querem ser felizes no trabalho e na vida pessoal, pois não separam mais uma coisa da outra.

Ser mais feliz no trabalho está diretamente relacionado a uma melhor saúde e bem-estar, a tornar-se mais criativo, inovador, produtivo e eficiente na solução de problemas. Comportamentos como mais autenticidade, comprometimento e engajamento, que fazem as pessoas se sentirem mais dispostas a contribuir além de suas atribuições, também são exemplos de outros benefícios que uma cultura de *Happiness at Work* pode agregar.

O BEM-ESTAR NO TRABALHO E O CRESCIMENTO EXPONENCIAL

Para chegar à aceleração do seu resultado financeiro, será fundamental o bom uso do tempo, do dinheiro e da atenção. Eles são os recursos escassos que precisamos aplicar e aos quais chamo de 3 Cs: melhorar a Consciência, amplificar a Consistência (de fazer e fazer bem-feito), evoluir e exponencializar a Contundência.

Falando de maneira mais geral nesse momento inicial de explicação do método, primeiro eu gerencio melhor o meu tempo, doando-o de modo mais eficaz. Então, busco controlar o meu dinheiro de maneira mais eficiente e produtiva, para então receber a atenção que mereço. No fim, o método é um mix de quem sou eu, para onde vou e o que farei para chegar lá no menor tempo possível.

Ao longo do percurso, cada pessoa será uma ponte, um acelerador, uma escada rolante de subida, de uma maneira altruísta para os envolvidos. Então é importante que você entenda essa sequência lógica: o tempo vai dar uma consciência maior de como fazer a gestão de network, de ganhar a atenção das pessoas que realmente importam, e para isso é necessário ter consistência, ou seja, se fazer presente todos os dias da forma mais correta, mais premeditada (no bom sentido), e tendo contundência nas ações de atenção para que elas retornem em um efeito espelho, como se projetássemos um laser em sua superfície.

Há muitas pessoas que utilizam as relações e as conexões como uma parede: na hora que projetam a luz do laser, ele fica parado, mas não retorna. A intenção é que comecemos a utilizar esse laser para que sua luz se religue no espelho e volte para nós mesmos.

A CAPACIDADE DE LIDERAR PASSA PELO AUTOCONHECIMENTO

Como falei no capítulo 1, para sonharmos com flexibilidade de ambiente de trabalho, em termos de horários, localidades e remuneração, é preciso que haja entrega a contento. Antes de sermos líderes de outras pessoas, é preciso que sejamos líderes de nós mesmos.

Assim, o que de fato precisa mudar é uma iniciativa profissional que fará que nessa subida de carreira, ao chegarmos a um posto de liderança, consigamos influenciar outras pessoas. Sempre digo que liderança não é cargo; é atitude. O começo para liderar pessoas é saber liderar a si mesmo, com base no autoconhecimento, que lhe dará a ideia de quais são seus pontos fortes e fracos, ou seja, seus Redbulls e suas kriptonitas.

Seus Redbulls, assim como na propaganda do energético de mesmo nome, são todas as coisas que lhe dão asas. Já as kriptonitas são aqueles pontos nos quais você não é tão bom e nem lhe dão prazer. Assim, depois de descobrir esses atributos, você está apto a liderar um tema, algo que não dependa apenas de sua expertise e de seu cargo anteriores.

É possível ser líder de um tema como um software – por exemplo, o software de gestão de projetos da empresa –, e se tornar uma referência nele, primeiro para o próprio time, depois para times paralelos.

Uma vez alcançado esse patamar, você vira líder de pessoas: ensina os outros a fazerem igual ou melhor o que você faz de excelente, guiando-os em seus esforços para obter o resultado comum de que a empresa precisa, de modo que ela esteja alinhada.

O próximo passo é virar líder de unidades de negócios ou de áreas que abarcarão sob seu guarda-chuva líderes de pessoas, de temas e de si mesmos. Eu sempre procuro lembrar que o líder usa seu próprio exemplo, seu servir, para fazer as pessoas se movimentarem, e faz a máxima da liderança ser repetida.

SOBRE O TEMPO E O DINHEIRO

Antes de entrarmos no método que desenvolvi, quero falar com você, leitor, sobre os elementos tempo, dinheiro e atenção e o que eles simbolizam para mim, o que representam no método que proponho neste livro. O tempo, o dinheiro e a atenção são recursos que não encontramos no mercado, pois não são distribuídos de maneira igualitária para todo mundo, e, apesar de todos termos acesso a eles, são poucos os que sabem usá-los com sabedoria e efetividade.

Entre os três, lidar com o tempo talvez seja o mais desafiador, visto que ele é o mais subestimado. Todos nós temos vinte e quatro horas por dia – eu, você, o empreendedor Elon Musk, a apresentadora Oprah Winfrey, a ex-primeira-dama dos Estados Unidos, Michelle Obama, a cantora Ivete Sangalo, e tantas outras pessoas, sejam famosas ou não, jovens ou de idade mais avançada, todas têm o mesmo tempo diariamente na Terra. O que as diferencia é como elas usam e controlam esse recurso escasso. Ninguém consegue simplesmente passar a ter trinta e duas horas por dia. Ninguém, nem os astronautas fora deste planeta, conseguem fazer o tempo passar mais rápido ou devagar.

O que acontece é que o reloginho está contando as horas, e o que você está fazendo em seu trabalho, na sua carreira, vai contar para o seu sucesso ou não, ter um caminho diferente dos demais ou não. São as suas ações que vão determinar o seu diferencial perante a sociedade, perante o mundo, perante as pessoas de que você gosta.

No que tange ao dinheiro, esse é um recurso que sabemos só haver quatro formas de ganhar: sendo herdeiro de alguém muito rico e já nascendo com seus bens garantidos, com o dinheiro servindo à sua família ou aguardando que você tome uma decisão acerca dele; como trabalhador, que talvez seja a única modalidade sobre a qual temos controle; como acertador de um jogo de sorte, como a loteria; ou como ladrão, que é a maneira ilícita de conseguir as coisas, seja via corrupção ou pela violência física. Resumindo: ou você já nasce com dinheiro, ou o ganha pela sorte, ou o rouba via desonestidade, ou o ganha trabalhando, dedicando todos os seus esforços e o seu tempo para isso – e aqui temos a primeira conexão entre dinheiro e tempo, por exemplo.

Se formos observar a origem do dinheiro na história da moeda e da economia, ela está atrelada à história da sobrevivência da humanidade e, consequentemente, à da comida. Segundo o autor Yuval Noah Harari em seu livro *Sapiens: uma breve história da humanidade*,[14] no início dos tempos, os seres humanos eram todos nômades.

Esses nômades percorriam centenas de milhares de quilômetros para ter acesso a um animal gigante, que seria capturado e, então, serviria de comida durante meses para as tribos. Com os assentamentos em determinadas regiões, a movimentação frequente deu

---

[14] HARARI, Y. N. **Sapiens**: uma breve história da humanidade. Porto Alegre: L&PM, 2015.

lugar ao sedentarismo, à formação das comunidades, que por sua vez deram origem à atividade da agricultura, com o cultivo de arroz, feijão e trigo, por exemplo, e da pecuária.

O surgimento da agricultura e da pecuária possibilitou que as pessoas não tivessem mais que se deslocar à procura de alimento. No entanto, para exercer esse cultivo, elas precisavam morar nessas localidades de plantação ou criação de animais, daí surgiram as casas, os bairros, as vilas e cidades. A formação dessas pequenas sociedades estimulou a prática do escambo, ou seja, as trocas de mercadorias entre as tribos – sejam pequenas quantidades de vegetais ou de carne para consumo.

Esse modelo de troca trouxe uma primeira facilitação de itens que são frutos da agricultura e da pecuária e, na sequência, de produtos minimamente tratados, como o sal, cuja obtenção precisava de tecnologias um pouco mais sofisticadas no processo de sua extração da água do mar. Eram poucos os que tinham acesso ao sal, então ele virou uma das moedas de troca. Enquanto as pessoas doavam seu tempo para o trabalho na lavoura, por exemplo, os donos das terras davam como moeda de troca pequenas quantidades de sal. Daí surge o conceito de salário – você ganha um saco de sal pelo trabalho desenvolvido, pelo esforço dispensado em uma atividade na propriedade de outra pessoa. Etimologicamente, salário vem do termo em latim *salarium*, que significa "soldo" ou "pagamento de soldado".

A ATENÇÃO QUE VOCÊ VAI TRABALHAR PARA RECEBER

Se tempo você tem de qualquer jeito e só precisa saber lidar com ele para controlá-lo; se dinheiro você precisará ganhar de qualquer maneira, seja o suficiente para sobreviver ou para mudar sua vida de fato; a atenção é um recurso que você precisará fazer por merecer.

A atenção é quando temos o nosso tempo entregue de tal forma que faça a diferença na vida das pessoas em alguns negócios, e por exercitar esse tempo de maneira tão preciosa, nós começamos a chamar atenção de um público que vai nos ver, querer nos ouvir e ajudar, e esse público se aproximará para trocar nosso tempo com o tempo dele, dando-nos atenção.

Se você, leitor, gostaria de falar com Elon Musk ou com Bill Gates, por exemplo, ou com quem quer que seja que você admira, por que não consegue esse feito? Isso acontece porque você provavelmente ainda não se dedicou a usar o seu tempo de modo a lhe dar projeção de vida ou carreira de um jeito que possa chamar a atenção das pessoas de que você gosta e quer ter por perto. O que é preciso fazer, então, é entender que, dentro dessa escadinha de valores, para chegar ao nível 10, você subiu todos os outros degraus que levam até lá.

Na ordem em que proponho neste livro, o primeiro passo é entender o valor do seu tempo. A partir daí, você começa a se dedicar a servir e ajudar as pessoas, para que tenha a atenção delas, e elas o ajudarão a crescer na carreira. Aí, sim, você terá o dinheiro como consequência, não como objetivo primordial. Está preparado para a mudança que está prestes a acontecer na sua vida? Então espero você no próximo capítulo!

04.
A TEORIA DAS CONEXÕES

Agora que expliquei as relações conceituais entre tempo e dinheiro, quero começar a contar a você como podemos otimizar esses dois recursos escassos de modo a conseguir chamar a atenção das pessoas que você deseja atrair. O primeiro ponto sobre o qual quero falar é a Teoria das Conexões.

Veja a figura a seguir.

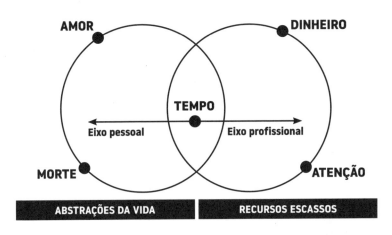

Figura 1: Teoria das Conexões. Fonte: elaborada pelo autor.

As variáveis da Teoria das Conexões giram em torno do principal recurso escasso do qual todos dispomos: o Tempo. Na figura, você pode ver que se no eixo pessoal temos as duas abstrações mais importantes com as quais devemos lidar, que são o Amor e a Morte, no eixo profissional precisamos lidar o tempo todo com nossos recursos escassos, que são o Dinheiro e a Atenção de pessoas importantes, que podem alçar carreiras a outro patamar. Em qualquer eixo que você esteja, o uso do Tempo – seja ele bom ou mau – será determinante para o sucesso ou insucesso de sua carreira e, consequentemente, de sua vida.

AS ABSTRAÇÕES DA VIDA

A vida pessoal está ligada a três abstrações fundamentais para nossa trajetória sobre a Terra: o Tempo, o Amor e a Morte. Antes de conceituar cada um deles, quero que você entenda o conceito de Abstração. Depois de formar mais de 52 mil profissionais de tecnologia, aprendi que para ensinar matérias como raciocínio lógico, o uso de abstrações facilita o entendimento e a aplicabilidade de alguns conceitos. Por isso, quero usar o exemplo da torneira.

Você sabe para que serve uma torneira? Muitos vão dizer que ela existe para regular a saída de água em uma pia. O que poucos compreendem é que a torneira, na verdade, é uma Abstração. Abstrair é simplificar. É fazer o complexo virar fácil, tornar o intangível em palpável. É diluir o longo no lúdico, fazer o emocional tangibilizar o racional.

Uma torneira facilita a complexa jornada da água em existir, fluir, ser tratada, encanada, transportada, armazenada e disponibilizada. São muitos os passos que levam a água a vir da natureza para as torneiras das casas, são muitas etapas e muitos os envolvidos: da chuva ao rio; do rio à represa; da represa à estação de tratamento; da estação aos encanamentos; dos encanamentos ao registro; do registro à caixa-d'água; por fim, da caixa-d'água à torneira de casa. Ou seja, a torneira serve para explicar o quase inexplicável. Todo esse processo só para se conseguir tomar um copo d'água. Essa é a abstração: um processo que torna o intangível em tangível.

64 TEMPO, DINHEIRO E ATENÇÃO

O AMOR

Assim como a torneira, o Amor também é difícil de explicar. Ele é uma das maiores abstrações da vida. E, apesar disso, todo mundo sabe o que é o Amor. Todos queremos ser amados e, por outro lado, amar também. Como já relatei neste livro, durante a minha infância, minha mãe passou por algumas dificuldades financeiras. Por isso, aos seis anos fui morar com uma tia em Ilha Solteira, no interior de São Paulo. Era um outro contexto, outro ambiente e outra convivência. Minhas primas viraram minhas irmãs; meus tios, meus pais; as crianças, antes desconhecidas, se tornaram meus melhores amigos.

O que poderia bater forte no meu coração naquela época, como sentimentos de abandono ou saudade, na verdade foram transbordados na forma de carinho, cuidado e estímulo à educação. Ser amado é muito bom, assim como amar genuinamente. O primeiro amor que sentimos é inexplicável. O sentimento do Amor, em si, é inexplicável. Apesar disso, muitos foram os que tentaram, com palavras, explicá-lo.

Para o filósofo grego Platão, o amor (ou Eros) era uma força que motivava as pessoas a buscarem a beleza e a verdade, que as elevava espiritualmente. Em seu livro *O banquete*,[15] ele descreve um tipo de amor que começa com a atração física, mas que idealmente evolui para a admiração da beleza interior e das virtudes, culminando no amor pelo conhecimento e pelo divino.

Aristóteles também distinguiu entre diferentes tipos de amor, incluindo a amizade (*philia*), o amor romântico (*eros*) e o incondicional (*ágape*). Para ele, o amor envolvia uma reciprocidade e um desejo pelo bem-estar do outro.

---

[15] PLATÃO. **O banquete**. Porto Alegre: L&PM, 2009.

Já tendo como objetos de análise as ideias dos pensadores de tempos mais modernos, o pai da psicanálise, Sigmund Freud, via o amor principalmente através da lente da psicanálise e da sexualidade. Ele argumentava que o amor está intrinsecamente ligado aos nossos impulsos instintivos e desejos inconscientes, sendo uma força poderosa que pode levar tanto à felicidade quanto à destruição.

Em seu livro *A arte de amar*,[16] o psicanalista, filósofo e sociólogo alemão Erich Fromm argumenta que o amor é uma habilidade que precisa ser aprendida e desenvolvida. Ele fala sobre diferentes formas de amor, incluindo o amor fraterno, o materno, o erótico, o amor por si mesmo e o amor por Deus, destacando que o amor verdadeiro é ativo, não passivo, e se baseia na responsabilidade, no respeito e no conhecimento.

Outro pensador que fala sobre tipos de amor é o escritor irlandês C. S. Lewis. Em um de seus títulos mais conhecidos, *Os quatro amores*,[17] ele os classifica em quatro categorias: afeto (*storge*), amizade (*philia*), amor romântico (*eros*) e amor incondicional (*ágape*). Na obra, ele explora como cada um deles pode se manifestar e os desafios que apresentam.

Como falei muito sobre o ponto de vista dos homens acerca do amor, coloco também o de uma grande pensadora: bell hooks (cujo nome é escrito assim, em minúsculas, porque ela desejava que se desse foco ao conteúdo de sua escrita, e não à sua pessoa). Ela propunha uma visão do amor como ação, em vez de apenas um sentimento. Ela argumentava que o amor é um ato de vontade que envolve cuidado, compromisso, responsabilidade, respeito e

---

[16] FROMM, E. **A arte de amar**. São Paulo: Martins Fontes, 2019.

[17] LEWIS, C. S. **Os quatro amores**. Rio de Janeiro: Thomas Nelson Brasil, 2017.

conhecimento. Você pode saber mais sobre seu pensamento acerca do amor em seu livro *Tudo sobre o amor: novas perspectivas*.[18]

Para dar um caráter mais prático a essa abstração tão importante que é o amor, quero contar a você as descobertas de um renomado pesquisador de relacionamentos, John Gottman.[19] Ele estudou o assunto no contexto dos casamentos e parcerias de longo prazo, e identificou elementos-chave que contribuem para a durabilidade dos relacionamentos, sendo alguns deles a comunicação eficaz, a admiração mútua e a capacidade de resolver conflitos de maneira construtiva.

Já a antropóloga americana naturalizada canadense Helen Fisher, que estudou o amor sob a perspectiva evolutiva e biológica, identificou três sistemas cerebrais envolvidos no amor: o desejo sexual, a atração romântica e o apego de longo prazo.[20] Ela argumenta que o amor evoluiu para promover a formação de parcerias reprodutivas e a criação de filhos.

No que se refere à minha relação com essa abstração que é o amor, descobrir as cinco linguagens do amor, em um acampamento de casais de que participei no ano passado, foi como ganhar um mapa para o coração das pessoas que mais amo. Assim, aprendi com o dr. Gary Chapman, pastor batista e escritor norte-americano, a falar a língua que minha esposa e filhos entendem melhor, seja com um abraço apertado ou um simples "eu te amo" dito no momento certo. Para quem não conhece as linguagens do amor do dr. Chapman, ele afirma que todo mundo ama e manifesta o sentimento de acordo com alguma dessas linguagens: palavras de afirmação; atos de serviço;

---

[18] HOOKS, B. **Tudo sobre o amor**: novas perspectivas. São Paulo: Elefante, 2021.

[19] GOTTMAN, J. **Relacionamentos**. Rio de Janeiro: Objetiva, 2003.

[20] FISHER, H. **Anatomia do amor**. São Paulo: Eureka, 1995.

recebimento de presentes; tempo de qualidade gasto com o outro; e toque físico.[21]

Bem, eu falei de tudo isso porque, independentemente de: qual seja a sua crença religiosa; se escolheu permanecer solteiro ou se casar; ter filhos ou não; ser pobre ou rico; *sua vida não terá sentido nenhum sem amor.* Essa é uma abstração que praticamente todos nós perseguimos, e é uma das que mais dão propósito à vida!

O amor é o combustível humano que diminui a distância entre um abismo e outro. A vida é o que acontece entre o beijo ou o abraço apertado que você dá em quem você ama, é a ligação de alguém que você ama e quer saber se você está bem. Independentemente da teoria dos autores e estudiosos que coloquei aqui, hoje, para mim, o maior símbolo da palavra amor, depois de Deus, é a família. O amor que sinto pela minha família é um sentimento avassalador que dá cor a cada amanhecer e suaviza as noites mais escuras. Minha esposa e meus filhos são meu norte, a razão pela qual luto para ser melhor a cada dia. Eles são meu tudo, meu sorriso em dias cinzentos, minha esperança de um futuro brilhante.

Por isso, diante de tudo o que foi falado sobre a abstração do Amor, digo que precisamos sempre trabalhar nessa sintonia. Voltando a conectar o amor ao trabalho e a uma carreira que propicie a você mais satisfação e ganhos financeiros exponenciais, quero lhe contar que havia um site que avaliava as melhores empresas para se trabalhar, e ele se chamava Love Mondays – afinal, se você ama a manhã de segunda-feira, isso quer dizer que você não sofre da Síndrome da Vinheta do *Fantástico* e, portanto, ama o seu trabalho.

---

[21] CHAPMAN, G. **As 5 linguagens do amor na prática**. São Paulo: Mundo Cristão, 2023.

No meu caso, meu trabalho é mais do que uma ocupação: ele é uma extensão de quem eu sou. Empreender, educar e empregar são atividades que carregam um pedaço do meu coração. Cada desafio que enfrento, cada sucesso que compartilho, alimentam minha alma e me trazem clareza de que estou contribuindo para um mundo melhor. E se é assim comigo, quero que também seja assim com você!

A MORTE

Precisamos entender que a única certeza que temos é de que a morte chegará para todos. O que vai fazer até a chegada dela, só depende de você. O mesmo clique que deu em mim, quando um coach me perguntou como eu gostaria de morrer (e que comento com mais detalhes no próximo capítulo), é o clique que desejo que este livro cause em você.

A morte, como esse grande ponto-final da vida, também já foi alvo de muitos estudiosos ao longo da história. Ela é um acontecimento que nos assusta tanto, que serviu de inspiração para doutrinas filosóficas e religiosas. É uma questão que atravessa a trajetória do homem na Terra por ser o acontecimento mais definitivo da vida, é a única certeza de que dispomos: teremos um fim.

A mitologia do budismo conta uma história interessante sobre a inevitabilidade da morte para todos os seres humanos. Segundo a doutrina, uma mulher, com seu filho morto nos braços, foi procurar Buda e suplicou que ele revivesse seu filho. Buda então pediu a ela que arrumasse grãos de mostarda para ressuscitá-lo. No entanto, esses grãos deveriam ser obtidos na casa de uma família onde nunca tivesse morrido alguém. É claro que a casa jamais foi encontrada, e a mulher compreendeu que teria que aceitar a existência da morte.

A morte traz consigo uma ideia tão repulsiva de finitude que, ao longo dos séculos, a morte natural, em casa, foi perdendo espaço para a morte monitorada nos hospitais. Perdemos a familiaridade com ela. Tentamos prolongar tanto quanto conseguimos a vida e, quando ela sucumbe, o fazemos em leitos de hospital, bem distante de nossos lares e nossos olhos.

De acordo com a psicóloga Maria Helena P. F. Bromberg, autora de livros de psicologia sobre o luto, nossa cultura não incorpora a morte como algo da vida, mas, sim, como uma punição. Apesar disso, "a morte pertence à condição humana. A morte da pessoa amada é não apenas uma perda, como também a aproximação da própria morte, uma ameaça. Todo seu significado pessoal e internalizado é, então, evocado e as vulnerabilidades pessoais a ela associadas são remexidas".[22] Veja aí a morte como uma ameaça ao amor.

VIDA × MORTE

Qual vida você quer viver até que a morte chegue, e qual legado quer deixar? Não se esqueça de, nessa trajetória, incluir o Amor!

Qual legado você quer deixar quando partir da vida? Por que não estender seu legado de amor a todas as áreas do seu dia a dia? Convido-o a fazer uma reflexão: você está usando bem o seu Tempo na Terra, para amar e ser amado, antes que a morte chegue? Afinal de contas, existe algo entre a vida e a morte que sempre esteve lá, a gente é que às vezes não vê.

---

[22] BROMBERG, M. Luto: a morte do outro em si. *In*: BROMBERG, M. *et. al.* **Vida e morte**: laços de existência. São Paulo: Casa do Psicólogo, 1996. p. 99–122.

O TEMPO

Ao longo da vida, até chegarmos à morte, vamos lidar com outra abstração: o Tempo. Mas o que seria o Tempo? Nossos ancestrais se preocuparam com essa questão quando começaram a medi-lo pelos ciclos do Sol e da Lua (em dia e noite), da natureza e da colheita (estações do ano), uma contagem que foi sendo aperfeiçoada com a invenção dos instrumentos mecânicos, como os relógios. Mas será que o tempo existe mesmo?

Para Platão, o tempo seria uma característica da ordem visível das coisas, e teria sido criado em conjunto com o universo e o movimento. Para ele, os próprios movimentos da Terra produziam o tempo, então ele fez uma associação entre tempo e mudança, ao passo que a eternidade estaria ligada ao conceito de imobilidade. Portanto, o tempo para Platão estava associado ao movimento, à mudança.[23]

Se Platão e outros pensadores gregos associavam o tempo e sua passagem à mudança, aos movimentos do mundo, para Santo Agostinho, que viveu no século IV d.C., o tempo estaria mais relacionado aos pensamentos, às atividades da mente. Para ele, era o espírito que media o tempo, sendo capaz de revisitar o passado, por exemplo, através da memória.[24]

---

[23] LEITE, G. Considerações filosóficas sobre o tempo. **Recanto das Letras**, 20 fev. 2022. Disponível em: https://www.recantodasletras.com.br/textosjuridicos/6870775. Acesso em: 28 fev. 2024.

[24] OLIVEIRA, R. F. de. Santo Agostinho e sua reflexão sobre o tempo. **Papeando com a Psicologia**, 10 abr. 2012. Disponível em: https://grupopapeando.wordpress.com/2012/04/10/santo-agostinho-e-sua-reflexao-sobre-o-tempo/. Acesso em: 28 fev. 2024.

O filósofo alemão Immanuel Kant também acreditava que o tempo não existia fora de nós, que era algo que usávamos para descrever o mundo, como forma de nossa intuição interna. Ele acreditava que só podíamos ter conhecimento dos fenômenos da natureza "em si" a partir de nossa experiência.[25]

Como a nossa experiência é única e pessoal, é a partir dela também que podemos tornar nossa vivência em relação ao tempo o mais proveitosa possível. É ela quem vai determinar, por exemplo, se o estamos utilizando para conquistar coisas valiosas na vida.

OS RECURSOS ESCASSOS

Voltando à figura da abertura deste capítulo, quero falar a você sobre nossos recursos escassos. Já comentei no capítulo anterior que todos dispomos das mesmas vinte e quatro horas. Também temos as mesmas capacidades de ganhar dinheiro e atrair a atenção das pessoas, de modo a auxiliá-las e sermos auxiliados por elas.

A verdade é que Tempo, Dinheiro e Atenção são recursos de que todos dispomos, mas que não são ilimitados, por isso são escassos. É preciso dar bom uso a eles; caso contrário, viveremos na estagnação pessoal e profissional, sem afeto e dinheiro e, principalmente, sem conseguirmos estabelecer relações que nos preencham e alimentem. Vamos falar um pouco mais desses três recursos que podem determinar o nosso sucesso na vida.

---

[25] SALATIEL, J. R. Kant - teoria do conhecimento - a síntese entre racionalismo e empirismo. **UOL**. Disponível em: https://educacao.uol.com.br/disciplinas/filosofia/kant---teoria-do-conhecimento-a-sintese-entre-racionalismo-e-empirismo.htm. Acesso em: 28 fev. 2024.

O TEMPO

Já conceituamos o tempo como uma das abstrações da vida. Ele é importante porque, independentemente da visão filosófica que tenhamos dele, é ele que determina o nosso período de permanência na Terra, e o que faremos de nossas ações.

Se você chegou à leitura deste livro é porque, em seu tempo neste planeta, já viveu coisas suficientes que apontam se você já aproveitou bem o seu tempo – conseguindo um emprego que preencha seu propósito de vida e ganhando o dinheiro pelo reconhecimento de seus esforços – ou se precisa otimizar o uso de seu tempo. Eu acredito que, por mais que estejamos realizados na vida, sempre há espaço para melhorar.

Portanto, o tempo é o recurso escasso que precisa ser mais bem aproveitado. O que é que você vai fazer com o seu? Vai continuar sendo vítima da Síndrome da Vinheta do *Fantástico* ou vai tomar a decisão de utilizar seu tempo de uma maneira dinâmica que lhe permita desfrutar o amor de sua família e se desenvolver profissionalmente o bastante para receber uma boa remuneração? Lembre-se: apesar de o dinheiro não ser o objetivo final do nosso crescimento (e falaremos dele com mais detalhes adiante no livro), ele é fundamental para realizarmos tudo o que necessitamos.

A ATENÇÃO

Outro recurso escasso que temos é a Atenção. Ela pode não parecer tão importante, mas se pensarmos que vivemos em um mundo abarrotado de estímulos, ela é fundamental para o nosso crescimento. Para viver neste planeta, precisamos não só despertar a atenção dos outros em relação aos nossos progressos, como também dar atenção a quem realmente pode nos ajudar em nossa trajetória evolutiva.

Como afirma o filósofo e sociólogo polonês Zygmunt Bauman, vivemos um período denominado modernidade líquida.[26] Ele se utilizou desse termo "líquida" porque vivemos uma época em que nossas relações sociais, econômicas e produtivas são frágeis, voláteis e adaptáveis, como os líquidos. Assim, tudo clama nossa atenção, mas ela é cada vez mais fugaz diante da quantidade de estímulos diários que recebemos.

Nas redes sociais, rolamos o *feed* com uma rapidez impressionante. O Instagram, por exemplo, tem uma média de tempo de visualização absurdamente rápida. Diante disso, as empresas têm que ser cada vez mais diretas para conseguir a atenção dos consumidores – que são os usuários das redes e querem mais e mais conteúdo. Em casa, as pessoas dividem a atenção com a televisão, o celular e os outros (que ficam muitas vezes com o que sobra da atenção).

Até a televisão, que até alguns anos atrás dominava a atenção das pessoas na sala de estar na hora do jantar, por exemplo, perdeu espaço para as redes sociais, os *streamings* e mil outros equipamentos que clamam a atenção dos jovens e das crianças. Enfim, a atenção é algo mais escasso do que nunca, e, para consegui-la, você precisa das ações mais efetivas possíveis.

Também as pessoas, principalmente as de papel mais relevante na sociedade, como políticos, empresários, celebridades e influenciadores digitais, dedicam sua atenção a coisas realmente importantes e que lhes tragam algum tipo de benefício. Por isso digo que a Atenção é o terceiro recurso escasso fundamental para ter sucesso: porque as pessoas que podem ajudá-lo profissionalmente dedicam sua atenção a quem realmente tem algo de relevante a aportar, e isso só vai acontecer se você souber oferecer alguma coisa que tenha valor para elas.

---

[26] BAUMAN, Z. **Modernidade líquida**. Rio de Janeiro: Zahar, 2021.

Algo que me ajudou bastante a ter a atenção das pessoas que desejava ter em meu círculo foi a ferramenta *Iceberg Framework*, do qual falarei mais adiante neste livro, listando as pessoas com as quais eu gostaria de me conectar para ter a atenção delas, e saber que elas iriam me ajudar sugerindo caminhos, transmitindo conhecimentos, propondo conexões, e isso me faria avançar na carreira e ter a atenção delas.

O DINHEIRO

Por fim, o último recurso escasso que temos é o Dinheiro. No capítulo anterior, contei a você que ele é escasso porque não é um recurso facilmente acessável. São poucas as opções para consegui-lo. Então, o que precisamos fazer é trabalhar. Para trabalhar e construir riqueza temos que saber lidar com esse dinheiro, saber lidar com o como a gente entende que o dinheiro tem de ser transformado em tempo, e a nossa busca profissional é transformar o nosso tempo em algo valioso, algo mais caro. As pessoas têm que pagar mais por ele.

Para isso, temos que aprender mais, exercitar nossos conhecimentos, dar resultados, mas não adianta dar resultados sem nos comunicarmos bem, sem nos posicionarmos, sem que nos sintamos tão bons quanto somos. Aqui entram aspectos que se referem aos relacionamentos, à capacidade de lidar com as pessoas e oferecer nosso próprio tempo para ajudá-las, e quanto mais as ajudamos mais vamos crescendo, tendo acesso a novos patamares, tanto de valor quanto de desafios, acesso a novas empresas, e assim vamos conquistando o sucesso profissional que nos remunera mais.

A TEORIA DE FRIEDMAN

Consegui lidar também com o dinheiro quando entendi que existiam fórmulas e métodos validados, sendo que o que eu trago aqui agora chegou a ser agraciado com um dos prêmios mais importantes da ciência. É a tese de Milton Friedman sobre as quatro formas de se gastar o dinheiro.

Milton Friedman foi um economista, estatístico e escritor americano, e um dos principais nomes do pensamento liberal. Foi também um dos maiores expoentes do Departamento de Economia na Universidade de Chicago. Por sua tese, sobre a qual falarei a seguir, ele foi agraciado sobre o prêmio Nobel de Economia no ano de 1976. O conhecimento de sua tese sobre os quatro modos de lidar com o dinheiro me ajudou a mudar minha tratativa em relação a ele.[27]

Observe atentamente a figura a seguir.

Comprando algo...	Usando o seu próprio dinheiro	Usando o dinheiro de outros
Para você mesmo	**1** Muito interesse sobre a qualidade e o custo	**2** Muito interesse sobre a qualidade e pouco sobre o custo
Para outras pessoas	**3** Pouco interesse sobre a qualidade e muito sobre o custo	**4** Pouco interesse sobre a qualidade e o custo

Indivíduos compram no 1
Governos compram no 4

Figura 2: Modos de lidar com o dinheiro. Fonte: elaborada pelo autor.

---

[27] MELO, J. C. de. M. Friedman e as quatro formas de se gastar dinheiro. **Instituto Liberal**, 22 abr. 2015. Disponível em: https://www.institutoliberal.org.br/blog/m--friedman-e-as-quatro-formas-de-se-gastar-dinheiro/. Acesso em: 28 fev. 2024.

Ela resume, de forma imagética, a teoria de Friedman. Nela, você pode ver um quadrado dividido em quatro partes, que são os quatro quadrantes da vida. No primeiro, no lado superior esquerdo da figura, temos a forma como eu lido com o meu dinheiro gastando comigo mesmo; do lado inferior esquerdo, temos como eu lido com o meu dinheiro, mas gastando para o outro; nos quadrantes à direita, temos: acima, o modo como eu lido com o dinheiro dos outros, gastando para mim; abaixo, como eu lido com o dinheiro dos outros, gastando para os outros.

O primeiro modo de gastar o dinheiro, portanto, é como eu gasto o meu próprio dinheiro comigo mesmo. Quando está nessa situação, a pessoa busca a melhor relação custo-benefício, ou seja, tenta utilizar seu capital da melhor forma, com produtos ou serviços de qualidade, mas ao mesmo tempo tentando não o desperdiçar. Ela busca o objeto de seus desejos de uma maneira menos onerosa.

O segundo modo de gastar é quando o dinheiro da pessoa é usado com o outro para, por exemplo, comprar um presente para alguém. Aqui, entram em questão outras variáveis, como a importância ou o merecimento da pessoa a quem se destina o presente; daí vai resultar o valor do gasto, se será maior ou menor.

No terceiro modo de gastar o dinheiro está contemplado o uso do capital de outros em benefício próprio. Seria o caso, por exemplo, de uma pessoa convidar outra para jantar. A pessoa convidada provavelmente escolheria um restaurante melhor do que os que está acostumada a ir, já que a conta, na ocasião do presente, não seria paga por ela, mas por seu amigo que a convidou.

O quarto e último modo de gastar dinheiro se refere a como o dinheiro dos outros é gasto com os outros. É como se, por exemplo, um órgão público chamasse uma empreiteira para construir uma nova escola. Como o capital empregado em teoria não é dela, não necessariamente os recursos serão empregados da melhor forma, ou pelo menos a tendência, segundo a tese de Friedman, é de que a racionalização do uso desses recursos não aconteça como nos três primeiros casos.

Para fins do método que proponho neste livro, agora só vem ao caso a primeira forma de gastar, ou seja, o uso do meu capital comigo mesmo. Depois que aprendi a lidar com o tempo, entendi também como tratar o dinheiro. Eu me coloquei a pergunta: "Como eu gasto meu dinheiro comigo mesmo?".

Às vezes nos penalizamos ou nos martirizamos por gastar dinheiro demais em coisas com as quais vamos presentear a nós mesmos, e elas acabam, na verdade, nos enfiando em dívidas. Segundo pesquisa da Confederação Nacional dos Dirigentes Lojistas (CNDL) e do Serviço de Proteção ao Crédito (SPC), em parceria com o instituto de pesquisa Offerwise,[28] uma das principais causas do endividamento no Brasil é o uso do cartão de crédito sem controle, sendo que 55% dos consumidores nacionais não controlam os gastos mensais adequadamente.

Ainda segundo a mesma pesquisa, o cartão de crédito foi usado por 78% dos entrevistados no período de doze meses, a partir de novembro de 2022. Os dados apontam ainda que os produtos e serviços mais comprados são roupas, calçados e acessórios (58%).

---

[28] SCHENK, A. C. D. Maioria dos brasileiros não controla gastos mensais com cartão de crédito. **Diário do Comércio**, 24 nov. 2023. Disponível em: https://diariodocomercio.com.br/financas/cartao-credito-controle-gastos-consumidor/#gref. Acesso em: 1 jan. 2024.

É preciso aprender a lidar com sabedoria com o cartão de crédito, por exemplo, e entender que às vezes você só precisa se valorizar e se vestir bem, ou seja, gastar dinheiro consigo mesmo de modo responsável. Esse é o jeito de entendermos que só precisamos estar bem para que as pessoas vejam que estamos bem, e, como consequência, nos projetar profissionalmente.

Hoje, aquela visão de como gostaríamos que os outros nos enxergassem, quem gostaríamos de ver em uma matéria, em uma reportagem, tem de estar lá na frente, como objetivo final. Isso tudo faz com que gastemos o dinheiro em benefício próprio: em primeiro lugar, com saúde física; em segundo lugar, com saúde mental; depois com as vestimentas; e, por fim, com conhecimento. Essas foram as quatro coisas que mudaram muito no meu jeito de gastar dinheiro comigo mesmo.

EXERCÍCIOS

A partir do que você viu com a tese de Milton Friedman sobre como gastamos dinheiro, gostaria que você fizesse uma reflexão acerca do uso de seu tempo e de seus gastos mensais, e respondesse às perguntas a seguir com sinceridade. Elas trarão a consciência necessária para obter um retrato de sua saúde financeira neste momento.

Quanto tempo por dia você dedica ao trabalho ou ao estudo?

Esse tempo dedicado ao trabalho ou ao estudo é prazeroso?

_____

_____

_____

_____

_____

_____

_____

Quanto tempo crê que poderia utilizar para algo que lhe rendesse prazer, além de dinheiro?

_____

_____

_____

_____

_____

_____

_____

Você acha que gasta mais do que deveria consigo mesmo?

_____

_____

_____

_____

_____

_____

_____

Com o que costuma gastar seu dinheiro?

Você acha que tem gastado com coisas (calçados, cosméticos, roupas) para melhorar sua autoestima?

Como pode melhorar a relação entre seus gastos consigo mesmo e sua autoestima, de modo a impulsionar sua carreira?

A ATENÇÃO QUE VOCÊ ATRAI QUANDO APRENDE A USAR SEU TEMPO E SEU DINHEIRO

Uma vez que você entender como pode controlar seu tempo de modo a otimizar o ganho de dinheiro, naturalmente conseguirá chamar a atenção das pessoas que admira. Mas chamar a atenção não é simplesmente colocar uma melancia na cabeça e sair desfilando pela rua. É preciso capturar essa atenção de uma maneira produtiva, de modo que as pessoas não se sintam usadas tampouco influenciadas por você, sem que elas percebam segundas intenções no seu gesto ou sem que notem que você quer algo em troca quando há uma aproximação. Ninguém gosta desse tipo de gente.

O que eu entendi sobre a atenção, portanto, é que ela envolve servir, entregar valor. A *Iceberg Framework* foi o que mais me ajudou nisso. Eu vi pela primeira vez a palavra "startup" em um artigo na revista *Exame*, em 2010, e quatro anos depois eu estava na casa do Yuri Gitahy, que é o empreendedor fundador da Aceleradora, uma das primeiras pessoas a falar sobre startups no Brasil e a desbravar esse assunto.

Eu só consegui estar na casa do Yuri em Belo Horizonte, com seus filhos e sua esposa, porque servi aos seus propósitos e chamei sua atenção, me conectei a ele a ponto de também ser relevante para sua vida, para que tivesse seu recurso escasso, o tempo, dedicado a mim, como o empreendedor mentor que me auxiliou na minha trajetória empreendedora, me guiando, aconselhando e apontando caminhos.

E como você se conecta com as pessoas que admira? Há várias maneiras para isso: estabelecer conexões chamando essas personalidades para um evento; lembrando-se delas através da leitura de um artigo; conquistando e se conectando a clientes para elas; indicando talentos para trabalhar em suas empresas; e até mesmo dando feedback construtivo para bugs no site de seus negócios, para que eles possam crescer; incluir essas pessoas em boas oportunidades de viagens, em editais, entre várias outras maneiras.

Ao longo de toda a minha trajetória, tive ao meu lado pessoas que eram especiais para mim, as coloquei em evidência e consegui receber de volta um conjunto de coisas interessantes. Ter a atenção delas hoje, o número de telefone de cada uma, poder ligar para elas e ser atendido, com pautas bem definidas, e não para conversas à toa: eu atribuo cada uma dessas coisas ao meu caráter, à minha reputação, à minha dedicação e entrega. Não pedir nada em troca nos ajuda a receber de volta a atenção espontânea das pessoas.

EXERCÍCIO

Liste a seguir o nome de dez pessoas com as quais você gostaria de se conectar, seja para seu enriquecimento pessoal ou profissional. Mais adiante, essa lista vai ser aprimorada e categorizada, mas por agora quero que se dedique a pensar em pessoas com as quais você gostaria de se conectar.

1. _____
2. _____
3. _____
4. _____
5. _____
6. _____
7. _____
8. _____
9. _____
10. _____

A ORIGEM DA TEORIA DAS CONEXÕES

Quando penso em conexão, penso em algo muito maior do que simplesmente fazer networking. Saber se conectar com as pessoas talvez seja um dos únicos fatores e um dos grandes propulsores de qualquer carreira bem desenvolvida, porque é através das pessoas que você se conecta, e essa conexão, quando bem-feita, profunda e enraizada, cria vínculos e laços, tanto do ponto de vista pessoal quanto profissional.

Esses vínculos, essa magia de ser lembrado por alguém, de ser uma referência positiva quando falam de um tema e se lembram de seu nome, quando as pessoas começam a trabalhar em conjunto umas com as outras, desenvolvendo uma sinergia única, isso não tem preço e é muito positivo. É por isso que eu apelidei de Teoria das Conexões a maneira de elencar muito bem o seu tempo e como você o investe, para que você consiga ter uma clareza de alocação desse recurso e ganhar a atenção das pessoas, seja no âmbito pessoal ou profissional, o que vai trazer muito êxito para sua vida.

Dominar a Teoria das Conexões é dominar as variáveis do tempo, da atenção e do dinheiro, além de dominar o fator que o leva a dar e receber amor das pessoas de que você gosta antes que a sua conexão acabe, que ela seja derrubada. É um sistema muito parecido com o Wi-Fi, com a internet, pois estar conectado é estar vivo.

Falando de passo a passo, de como implementar e usar a Teoria das Conexões na rotina profissional e, principalmente, de intensificar o nosso olhar para os nossos recursos mais escassos, é importante primeiro ter consciência. Ela começa num limbo total, partindo de identificar como estamos hoje em nossas carreiras – e temos a tendência de olhar somente as realidades das outras pessoas, nos inspirando, querendo ser como elas, querendo ter o que elas têm, mas sem entender qual foi o processo que as levou até onde estão.

Logo, o primeiro passo é entender onde você está e para onde quer ir. Isso é a dominância da consciência. O segundo é entender o processo e que ele não é igual para todo mundo. Em geral, o processo é muito mais árduo do que as consequências dele, e as consequências são a hora em que você logra o seu esforço.

É preciso abstrair a forma e focar o processo, porque o restante é consequência. Quando foco a consequência final, é como se eu quisesse sempre, na minha vida, olhar para a perda de dez quilos, e não para o caminhar todos os dias por uma hora, ou ter uma alimentação melhor, ficar sem comer bobagem todos os dias e só comê-las nos fins de semana. O processo está sob nosso controle; a consequência, não. Por isso, quero que você foque o processo.

O primeiro passo você deu aqui, comigo: entender como tem tratado seus recursos escassos e como precisa começar a tratá-los, como lidar com eles de forma a ter a carreira dos seus sonhos, em contato com as pessoas que deseja conhecer e conviver. Vamos agora ao passo seguinte, que é descobrir o seu *ikigai*. Você vai ver como ele será importante para mudar a sua vida atual e, principalmente, para ter uma nova razáo de viver.

05.
O PROPÓSITO TRANSFORMADOR MASSIVO

Apergunta mais difícil que tive de responder na vida, e que de fato me ajudou a encontrar o meu propósito, a transformar o modo como eu enxergava a palavra "carreira" e como ela pode ser premeditada, no bom sentido, foi feita por um mentor de carreira que eu tive.

Esse mentor chegou do nada até mim e falou: "Como você quer morrer?". Por alguns segundos eu refleti e disse: Afogado, não; atropelado, não; queimado, também não". Ele riu e explicou que não queria saber como eu desejava morrer fisicamente, mas, sim, do meu legado, quais eram as coisas que eu deixaria, como eu seria lembrado, quem iria ao meu enterro (ou se alguém iria ao meu enterro), se esse acontecimento sairia no *Jornal Nacional* ou pelo menos em algum jornal local (ou em nenhum dos dois), se meus parentes iriam ao velório etc. Essa pergunta acabou me ajudando a concretizar o caminho do meu futuro.

Naquele momento, eu trabalhava em uma empresa fabricante de bebidas alcoólicas. Para mim, o álcool é uma das coisas que também matam, pois acidentes de carro acontecem em grande parte por conta do consumo excessivo de bebida. Além disso, nunca tinha visto empresas de bebidas fazendo *collabs* de conscientização com marcas de carro, por exemplo, aí comecei a me perguntar se era isto que eu realmente queria fazer para o resto da vida: vender cevada, lúpulo, álcool. Essa análise me deu um estalo, então quis fazer uma mudança de contexto de carreira a partir daquela provocação e consequente reflexão.

O PROPÓSITO TRANSFORMADOR MASSIVO **87**

A IMPORTÂNCIA DO *IKIGAI*

Com a reflexão veio também a descoberta do *ikigai*, uma filosofia de vida de origem japonesa, cujo significado é "razão para viver" – etimologicamente, a palavra é formada pelos termos *iki*, "vida", e *gai*, que é algo como "a realização de tudo o que alguém espera e deseja".[29]

Ele nada mais é do que uma fórmula bem conhecida de transformar o que você faz no que você quer fazer bem e ainda ser remunerado para isso, pois é o encontro de algo a mais, que vai além da própria vocação. O *ikigai* é uma mandala, e ela diz que você tem de entender na vida alguns elementos que são a reunião do que você ama fazer, do que é bom fazendo, do que alguém pagaria para que você fizesse e do que o mundo precisa que seja feito. É a junção dessas quatro coisas que ajuda a encontrar esse propósito tão buscado pelas pessoas.

Para falar de forma prática, dou aqui um exemplo: digamos que eu ame tocar violão, mas não faça isso muito bem. Talvez, por não tocar muito bem, ninguém me pague para tocar esse instrumento. Se me pagarem, será algo que, em minha carreira de tocador de violão, não vou aprimorar muito. Mas o mundo precisa de gente que toque violão, porque a música é cura para várias pessoas.

Em toda essa história, eu só respondi com dois "sins": eu gosto de tocar violão, e o mundo precisa que alguém toque o instrumento; mas, em contrapartida, tive dois "nãos", pois eu não toco bem e ninguém me pagaria para fazer isso, justamente por eu não tocar de maneira satisfatória. Logo, tocar violão, embora prazeroso para mim, não será meu *ikigai*, minha razão de viver.

---

[29] O QUE é ikigai. **Ikigai Brasil**. Disponível em: https://ikigaibrasil.com/filosofia-ikigai/. Acesso em: 29 fev. 2024.

Essa é a reflexão que eu desejo que sirva de exercício para você, leitor, que pode estar se sentindo perdido na vida e achando que fazer bem e gostar de fazer algo são válidos só para atividades para as quais temos um diploma, um curso feito, uma carreira estabelecida ou uma vaga para desempenhar. Não necessariamente é assim. Às vezes, fazer bem é algo que é intuitivo, natural, mas que talvez não esteja levando você a ganhar dinheiro.

Cansei de ver pessoas que sempre ouviram de seus amigos e amigas que eram boas ouvintes, que tinham facilidade de enfrentar determinadas situações e trocar ideias, compartilhar, dar e receber feedback, e essas pessoas, boas ouvintes que eram, nunca pensaram em trabalhar em áreas nas quais essa habilidade era solicitada.

Isso vale, por exemplo, para ser psicólogo, trabalhar em caráter mais consultivo, inclusive mudar sua formação para algo que vá ao encontro dessa habilidade com a utilidade pública que pode decorrer dela. Uma de minhas alunas, a Ana Cristina, é um exemplo de pessoa que fez uma transição de carreira com base nisso.

Sua formação era em contabilidade. Mas ela aprendeu que, nas horas vagas, dispunha de uma habilidade para ouvir os outros e lhes dar conselhos. Ela saiu da contabilidade, foi trabalhar com psicologia e hoje atende muitos clientes. Virou dona de seu próprio consultório e publica muito conteúdo na internet, ajudando outras pessoas a se livrarem de problemas como depressão e ansiedade. Esse é um exemplo claro não só de um caso de transição de carreira, mas também de alguém que soube ouvir o próprio coração, ouvir as pessoas que estavam ao redor e não permanecer no trilho de trem que sua carreira tinha virado, do qual ela achava que não dava para sair.

Para que você também possa aplicar esse conceito à sua vida de maneira prática, apresento a seguir um exercício que o aproximará de seu *ikigai*.

EXERCÍCIOS

Quero que você investigue, em sua própria vida, quais são as atividades que lhe dão prazer e alegria, e responda às perguntas a seguir.

Quais atividades você adora fazer em sua vida pessoal? Aqui você pode incluir hobbies, coisas que lhe deixem feliz e satisfeito por fazê-las, ainda que acredite que jamais poderia ganhar dinheiro com elas.

_____

_____

_____

_____

_____

Quais atividades você adora fazer em sua vida profissional? Aqui podem ser incluídas: atividades que são um alento de um dia a dia do qual, em geral, você não gosta; coisas que você adora fazer e faz para ganhar um dinheiro extra, mas não são sua principal fonte de renda; coisas que você estuda para fazer um dia, mas hoje não lhe dão dinheiro.

_____

_____

_____

_____

_____

_____

Quanto tempo você gasta, em média, com as atividades que lhe dão prazer na vida *pessoal*?

_____

Quanto tempo você gasta, em média, com as atividades que lhe dão prazer na vida *profissional*?

_____

Agora que já tem mapeadas as atividades que lhe dão prazer na vida pessoal e profissional e quanto tempo dedica a elas, me diga: quais atividades você faz bem? O que costuma lhe render elogios?

_____

_____

_____

_____

_____

_____

A DESCOBERTA PESSOAL DE MEU PRÓPRIO *IKIGAI*

No início de 2024, em uma série de stories do meu perfil no Instagram, perguntei quem tinha visto os filmes sobre a vida dos integrantes dos Mamonas Assassinas, do Napoleão e do Mussum. Se formos pensar bem, o que eles têm em comum é o fato de que já estão mortos e que deixaram algo para a posteridade, que foi um legado; por isso há filmes sobre eles.

Será que alguém faria um filme da sua vida? Você está vivendo a vida que deseja viver? Ela é interessante o suficiente a ponto de alguém querer contá-la, ou você está vivendo uma trajetória tão linear, sem altos e baixos, sem percorrer a jornada do herói, sem compartilhar suas vulnerabilidades e tristezas, que talvez ela não interesse a ninguém? Já parou para pensar que suas vulnerabilidades talvez sejam as características que o potencializam?

Se formos pensar em personalidades que se destacaram por habilidades que as tornam únicas, podemos considerar dois casos bem conhecidos: o da atriz e apresentadora Tatá Werneck e o da cantora Marília Mendonça.

No caso da Tatá Werneck, ela já falou publicamente que chegou a ser expulsa de uma escola e quase expulsa de outra.[30] Tudo poderia indicar que teria uma vida profissional malsucedida por conta de seu comportamento rebelde. No entanto, ela aproveitou seu jeito despachado e sua fala ágil para se transformar em uma artista única, diferente de todas as comediantes que existem no mercado. Hoje, está nos cinemas e na televisão, apresentando um programa de entrevistas, estrelando filmes e atuando em telenovelas. É uma das maiores referências em comédia na TV brasileira.

Já Marília Mendonça, que infelizmente faleceu no auge do sucesso, poderia ter chafurdado no sofrimento de ter sido traída em um relacionamento amoroso; entretanto, pegou suas paixões e ilusões amorosas e as transformou em letras de música, fazendo uso também

---

[30] TATÁ Werneck relembra expulsão de escola: "Roubei o gabarito". **Quem**, 10 jun. 2021. Disponível em: https://revistaquem.globo.com/QUEM-News/noticia/2021/06/tata-werneck-relembra-expulsao-de-escola-roubei-o-gabarito.html. Acesso em: 18 jan. 2024.

do seu dom de cantar, para fazer muito sucesso. Apesar de ter morrido em 2021, em 2023 ela foi a quarta artista brasileira mais ouvida da plataforma de música on-line Spotify.[31] Tatá e Marília são apenas dois exemplos de artistas que fizeram das próprias vulnerabilidades suas armas para chegar ao estrelato e ao êxito profissional.

O que há em comum entre essas pessoas cujas biografias temos vontade de conhecer é que elas entenderam que a vida é uma só e que elas tinham de ser únicas. Quando paramos de tentar nos comparar, comparar o palco das outras pessoas com os nossos bastidores, sofremos menos. Quando criamos uma competição mais platônica com os demais, ela não nos traz satisfação. Porém, quando geramos uma competição da gente com a gente mesmo, ou até mesmo uma comparação entre o que fomos e quem desejamos nos tornar, o processo se torna muito mais saudável e idôneo.

No meu caso, o que talvez tenha sido importante nesse entendimento de potencialidades é que quando comecei a assumir valores e princípios que me definiam, tudo ficou mais fácil. A partir do momento em que os valores e princípios de alguém estão conectados com os valores e princípios de uma empresa, isso se potencializa de modo exponencial.

Já no caso contrário, quando não há alinhamento de valores, a pessoa se frustra, se isola e acaba tendo mais problemas de saúde física e mental. Esse foi o meu clique ao perceber que eu estava trabalhando em uma indústria de bebidas alcoólicas, que tinha

---

[31] ANA Castela é a artista mais ouvida no Spotify no Brasil em 2023. **G1**, 29 nov. 2023. Disponível em: https://g1.globo.com/pop-arte/musica/circuito-sertanejo/noticia/2023/11/29/ana-castela-e-a-artista-mais-ouvida-no-spotify-no-brasil-em-2023.ghtml. Acesso em: 24 jan. 2024.

uma missão em teoria muito bonita, um propósito claro e evidente em relação à gestão e à alta performance, mas um produto que não estava conectado com tudo isso.

Cada um tem de assumir as consequências em relação ao que entrega. Se você disponibiliza um produto ou serviço que tem um impacto negativo, como destruir famílias ou causar acidentes, precisa assumir isso. Toda essa questão foi o que me deixou neurótico, e a ausência de ações por parte da empresa para minimizar esse impacto foi o que me fez voltar à minha escadinha até a morte e repensar minha trajetória.

Para repensar minha trajetória, eu tive a ajuda de pessoas. Por isso precisamos nos conectar, chamar a atenção delas e nos utilizar de seu olhar de uma maneira altruísta, para que elas vejam em nós o que nem nós mesmos, às vezes, somos capazes de enxergar. Para que elas possam nos provocar com perguntas em vez de respostas, nos mostrando caminhos diferentes que podemos percorrer. Foi isso que aconteceu comigo quando um mentor me perguntou qual era o legado que eu queria deixar para o mundo.

Essa questão me remeteu ao instante em que, anos atrás, uma professora da faculdade chegou até mim e me pediu ajuda para dar uma aula de oratória para uma turma que ia apresentar seu Trabalho de Conclusão de Curso (TCC) e estava tremendo feito vara verde. Na época eu não sabia o que era oratória e muito menos dar aulas. Então a professora me disse que eu era o melhor comunicador que ela conhecia, aquele tipo de aluno que chegava trinta minutos antes à sala sem ter feito nada do trabalho, se juntava ao grupo que tinha feito, mas não tinha ninguém que tivesse a cara de pau de apresentar o conteúdo, recebia meia dúzia de instruções sobre a matéria, encarava e incorporava aquilo como o maior especialista da face da Terra e fazia uma apresentação tão envolvente que conquistava uma nota dez para o grupo todo.

Quando ela me disse isso, foi como se eu recebesse um chamado. Aquilo me conclamava a ir até lá, me preparar e estudar desde a origem da escrita da palavra, da fala e da comunicação como a conhecemos hoje, até a comunicação não verbal, a fonoaudiologia, a respiração, o uso do diafragma, entre outras coisas que eu fazia naturalmente, mas que de fato podem e devem ser treinadas. Falar em público é hoje um medo muito mais comum que o da morte, que o de ser picado por uma cobra ou qualquer outro medo que as pessoas em geral têm.

Naquele dia, quando saí da aula de oratória, uma das alunas chegou até mim e disse que nunca tinha se sentido tão pronta para apresentar um conteúdo quanto naquela ocasião. Me comentou que em uma semana me ligaria para me contar como tinha sido sua apresentação.

Uma semana depois, ela me encontrou no pátio da faculdade, aos prantos – e eu, aflito, me perguntando se ela tinha sido reprovada, se os ensinamentos de nada tinham valido –, e me abraçou tão forte que quase quebrou meus ossos. Então falou que eu era o responsável por ela ter tirado um dez. Fiz questão de ressaltar que era o talento dela, seus estudos e dedicação que a levaram até aquele resultado. Eu só tinha dado o empurrãozinho que faltava para ela poder voar.

Quando a professora, ao final do processo, disse que precisávamos fazer aquilo mais vezes, comentei que tinha descoberto o que queria fazer da vida; tinha encontrado meu *ikigai*, mesmo sem ter noção desse conceito na época. Me dedicar ao empreendedorismo era algo de que já tinha certeza, pois desejava ter uma empresa para administrar durante o dia e dar aulas à noite. O dom da comunicação veio complementar minhas certezas.

EDUCAÇÃO, EMPREGO E EMPREENDEDORISMO

Ao contrário do que muitos podem pensar, o professor é quem mais aprende, não quem mais ensina. O fato de estar dentro de uma sala de aula com 50 jovens, que estão consumindo suas informações por meio das novas plataformas, faz com que ali seja o lugar ideal para que o professor aprenda bastante. Mais especificamente o professor adepto da andragogia, que coloca o adulto no centro (vamos falar mais disso adiante no livro), que quer aprender com ele, e não o professor de perfil pedagogo, que quer ensinar ao adulto da mesma forma que ensina à criança.

Naturalmente, quando recebi a pergunta sobre qual legado gostaria de deixar para o mundo, retornei à minha escadinha da trajetória profissional, abandonei o emprego que tinha à época, e me tornei um produto dos três "Es" que mais mudam a vida das pessoas e mais impactam a economia: Educação, Emprego e Empreendedorismo.

Hoje, sou um replicador desses três, fazendo com que mais pessoas entendam que aprender é a única skill do futuro. O emprego muda vidas a curto prazo; a educação muda vidas a longo prazo; e o empreender instala a mudança de vida. Temos esse superpoder nas mãos. Quando eu me educo, consigo bons empregos; quando volto a estudar, me educo novamente e me potencializo empreendendo: posso tanto ensinar o que faço, em uma consultoria, ou fazer bem aquela tarefa para outras pessoas, em uma prestação de serviços.

Todo esse ciclo faz com que mais pessoas tenham empregos, mais pessoas tenham oportunidades de se educar, mais pessoas tenham o potencial para mudar a própria vida. O dinheiro permeia todas essas situações. Sem a potencialidade que a educação gera, não há empregos melhores, nem empreendedorismo ou geração de renda.

Construir uma carreira é desenhar uma linha. Aprender é determinar um ponto. Quando você soma os cursos que fez com os aprendizados que conquistou, os livros que leu, as experiências que teve e os resultados que obteve ao desempenhar determinada tarefa, tudo isso junto vai se transformando em pontos. No final, ao ligar todas essas coisas, você desenha uma linha que mostra os rumos profissionais que está tomando para sua vida.

Parece um conceito abstrato? Vou falar melhor sobre isso, sobre como todo esse conhecimento adquirido vai mudando sua faixa salarial, mais adiante no próximo capítulo. Eu te espero na página seguinte. Até lá!

06.

QUANTO MAIS VOCÊ SE DESENVOLVE, MAIS DINHEIRO TENDE A GANHAR

No capítulo anterior, comentei sobre a linha que vamos desenhando ao passo que acumulamos conhecimento e construindo nossa carreira. Para poder mensurar esse desenvolvimento e compará-lo à quantidade de dinheiro que ganhamos no decorrer do percurso, criei uma ferramenta visual denominada Matriz de Tempo × Remuneração, ou simplesmente MTR.

Conforme falei, cada livro lido, cada curso feito, cada habilidade adquirida no desempenho de determinada tarefa vai gerando pontos que, ao serem conectados – como no conceito de *connecting the dots*,[32] definido pelo fundador da Apple, Steve Jobs –, vão traçar um perfil de como a sua carreira tem sido construída.

No entanto, ao olhar para trás e conectar esses pontos, só há um elemento que acaba sendo muito comum quando há mudanças e elevações (ou descensos) exponenciais nessa trajetória, que é a comparação entre faixas salariais alcançadas. Quanto mais pontinhos de aprendizado e resultados em um trabalho determinada pessoa teve, maior foi a recompensa que ela teve de volta, por estar se tornando um profissional mais caro e com um passe mais valioso.

Isso nos remete àquele pensamento a respeito dos saquinhos de sal sobre o qual comentei anteriormente, conforme vimos no livro *Sapiens*.

---

[32] 'YOU'VE got to find what you love,' Jobs says. **Stanford News**, 12 jun. 2005. Disponível em: https://news.stanford.edu/2005/06/12/youve-got-find-love-jobs-says/. Acesso em: 29 fev. 2025.

No começo, havia a troca de peixe por carne de porco; então inventamos a agricultura e, a seguir, passamos do nomadismo ao sedentarismo (para podermos nos estabelecer em determinados lugares e cuidar das culturas vegetais e da criação de gado); enfim, definimos os sacos de sal como moeda de troca, e o sal se transformou nos salários que recebemos atualmente.

Dados todos esses fatos e acontecimentos históricos, para chegar a uma remuneração que pague tudo o que valemos, precisamos entender primeiro o que e como fazemos nosso trabalho, como desempenhamos nosso *ikigai*. Precisamos compreender o que fazemos no mundo para só então definir o que desejamos fazer e como fazer isso bem, mas é preciso elucidar que essa não é uma busca óbvia, não tem uma resposta simples e não se trata de um ponto de chegada. Na realidade é um caminho em constante transformação. É ainda um processo em constante retroalimentação: quanto mais descobrimos sobre nós mesmos e mais vamos aprendendo, mais podemos também aprimorar nossas rotas.

Quando escolhemos bem as pessoas que estão ao nosso lado, o lugar onde estamos e o trabalho que desempenhamos, conseguimos renovar constantemente o nosso propósito. Meu Propósito Transformador Massivo veio das perguntas que me fiz e que me fizeram, da conexão dos pontos em minha trajetória e do olhar sobre o que quero ser, se um educador e um empreendedor ou qualquer outra coisa. Tudo isso vai determinar o quanto eu ganho por ser quem sou e por fazer o que faço, de forma única.

A MATRIZ DE TEMPO × REMUNERAÇÃO (MTR)

A Matriz de Tempo × Remuneração (MTR) é uma ferramenta que visa mapear as transformações que você teve em sua carreira, com base na remuneração que recebeu ao longo dos últimos dez anos.

Os dados deverão ser colocados em uma escala composta de dois eixos: no eixo vertical, correspondente à remuneração, você deverá colocar os valores que recebeu na última década; já no eixo horizontal, referente ao tempo, você colocará os anos em que isso aconteceu.

Dou aqui um exemplo prático para que você possa entender melhor como preencher a escala e como ela funciona. Imagine uma pessoa que começou a trabalhar em 2013, em um estágio. Digamos que ela recebia 700 reais nesse primeiro estágio, no final daquele ano. Seu ano seguinte, 2014, foi o último dela como estagiária. Estava no último ano da faculdade, já em outra empresa, e o novo estágio rendia a ela um salário de 800 reais.

Digamos que essa última empresa resolveu efetivá-la. Assim, em 2015, seu salário foi para 1 mil, e permaneceu assim até o final daquele ano. Nesse mesmo emprego, ela permaneceu ao longo de 2016, quando teve um reajuste e seu salário subiu para 1,1 mil reais, e em 2017, quando teve novo reajuste salarial, passando a receber 1,2 mil reais no fim do ano. Seu último ano naquele emprego foi 2018, quando teve mais um reajuste e passou a receber 1,3 mil reais.

Em 2019, no entanto, houve uma demissão em massa, e essa pessoa acabou sendo cortada do quadro de funcionários. Então, durante todo aquele ano ela fez serviços esporádicos e, ao final, sua média salarial foi de 900 reais. Em 2020, com o início da pandemia, as coisas permaneceram difíceis, mas ela conseguiu subir um pouco sua renda mensal, ainda fazendo serviços pontuais, e sua remuneração foi para 950 reais.

Em 2021, ela conseguiu ser admitida em um novo emprego, e seu salário foi de 1,150 mil reais. Vendo seus esforços nesse mesmo emprego, o chefe resolveu dar um empurrão e proporcionou um leve aumento em seu salário, que foi para 1,4 mil reais ao final de 2022. Ela, então, conheceu uma amiga que lhe indicou uma escola para aprimorar seus conhecimentos. Com os novos estudos, e a aplicação desse conhecimento adquirido na prática, ela recebeu uma proposta de trabalho de outra empresa e, ao final de 2023, já ganhava 3,5 mil reais.

Se fôssemos colocar esse passo a passo salarial do exemplo em uma planilha, ela ficaria mais ou menos assim:

Ano	Emprego/ocupação	Salário
2013	Estágio 1	R$ 700
2014	Estágio 2	R$ 800
2015	Emprego 1	R$ 1.000
2016	Emprego 1 – Reajuste 1	R$ 1.100
2017	Emprego 1 – Reajuste 2	R$ 1.200
2018	Emprego 1 – Reajuste 3	R$ 1.300
2019	Serviços esporádicos 1	R$ 900
2020	Serviços esporádicos 2	R$ 950
2021	Emprego 2	R$ 1.150
2022	Emprego 2 – Reajuste 1	R$ 1.400
2023	Emprego 3	R$ 3.500

Quero que você imagine como seria transferir os dados dessa tabela para uma figura, com os eixos tempo × remuneração formando uma linha que conectasse esses pontos. Colocando tudo isso em um gráfico, ele ficaria assim:

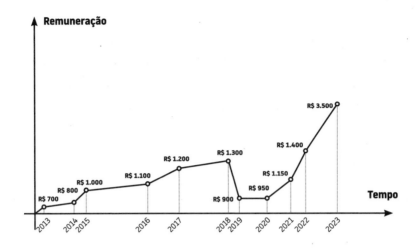

Gráfico 1: Matriz MTR.

Você pode observar que se entre 2013 e 2022 essa pessoa teve um crescimento lento, a partir de 2023 ela teve um salto exponencial no seu salário. A MTR nos ajuda justamente a visualizar esses saltos na remuneração recebida, para que possamos refletir sobre nossa própria trajetória e nos planejar para os próximos dez anos.

DESENHANDO E ENTENDENDO SUA PRÓPRIA MTR

Agora que você entendeu o preenchimento e funcionamento da MTR, quero que faça uma análise de quanto recebeu nos últimos dez anos. Para isso, é preciso que analise a sua trajetória e as remunerações que recebeu recentemente.

Essa matriz o ajudará a ter uma análise visual de qual é o seu desempenho de carreira, usando como indicador principal o fator remuneração. Ao preencher esse gráfico, você conseguirá analisar seus últimos anos e trazer uma meta ou um planejamento para os próximos dez anos. O ideal é que esse preenchimento dos valores seja feito anualmente.

Para que essa atividade seja bem-sucedida, é preciso que você separe entre 30 e 60 minutos para mapear o histórico da sua trajetória profissional, LinkedIn ou no seu currículo, e lembrar de coisas que talvez não estejam ali e que reverberam em pontos de aprendizado.

EXERCÍCIO

É hora de você fazer sua própria Matriz Tempo × Remuneração. Peço que você volte até dez anos atrás e rememore onde estava trabalhando naquela época. A partir disso, relacione todos os lugares onde trabalhou e quanto recebeu em cada função desenvolvida. Para facilitar a tarefa, a seguir há uma tabela na qual você poderá anotar os valores e empresas. Complete dos valores mais antigos para os mais atuais.

Empresas onde trabalhou e salários por cada função desempenhada:

Ano	Empresa onde trabalhou	Salário

Com esses dados na lista, vá até um ponto próximo da interseção entre os eixos de tempo e remuneração e marque o primeiro emprego e as informações correspondentes. Na altura relativa a esse ponto, no eixo *remuneração*, escreva o nome da empresa. Em seguida, no eixo *tempo*, coloque o ano em que trabalhou lá. O valor que ganhava corresponderá ao ponto que cruzar esses dois eixos, no espaço em branco da matriz.

Cada ponto corresponderá aos valores que ganhava em cada lugar onde você atuou profissionalmente ao final de cada ano. A tendência é que sua linha de projeção salarial siga em direção ascendente da esquerda para a direita.

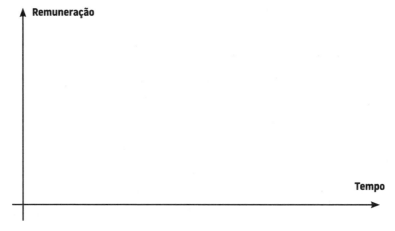

Gráfico 2 – Remuneração x tempo.

INFORMAÇÕES QUE A MATRIZ PODE TRAZER

É importante observar que pode haver algumas variações nessa matriz que serão objetos de estudo da carreira, como pontos de estagnação (quando você recebe um salário muito similar por anos seguidos, por exemplo, mostrando que seu salário foi apenas reajustado, mas não aumentado), representando que isso requer uma ação da sua parte para que haja um aumento significativo, com um salto na carreira.

Geralmente os cursos feitos também levam a saltos na remuneração, e a planilha ajuda a tornar esses saltos mais evidentes. Ela é um instrumento para verificarmos o que mexe o ponteiro para cima, como fazer cursos e aplicar esse conhecimento adquirido no ambiente de trabalho. Ela ajuda a mensurar os resultados obtidos com sua aplicação no seu desenvolvimento profissional.

A matriz mostra de forma muito clara o processo de valorização de seu passe. Quando você aprende a fazer algo de forma única, as empresas passam a remunerá-lo melhor para que realize essa tarefa que só você sabe fazer com exclusividade para elas. A resolução de problemas como prestação de serviços também tende a causar um aumento na remuneração.

No caso dos empreendedores, é importante ressaltar que é preciso definir um valor de pró-labore, para que a matriz de remuneração traga um retrato preciso do valor de seu passe. O empreendedor, embora geralmente não tenha um salário formal, por ser quem determina o próprio salário com base nos seus cálculos de rendimentos e, subtraídos os gastos, ganha seu pró-labore. O pró-labore é a remuneração dos sócios de uma empresa e corresponde ao que seria o salário que o empreendedor ganha para desempenhar determinada função, que inclui a administração da própria empresa.

Se você é empreendedor e tem pró-labore, sem divisão de dividendos, coloque na matriz o valor que obteve no fim de cada ano. Se além de pró-labore você tem dividendos, reparta esses dividendos por doze, referentes a cada mês do ano, e some esse valor ao pró-labore mensal.

Entretanto, se você não calcula o pró-labore, simplesmente divida seus dividendos por doze e coloque esse valor na MTR ao final de cada ano, como se ele fosse seu salário anual. Caso não tenha levado em consideração esses pontos ao preencher a matriz, peço que revise o que foi dito e faça novamente o exercício. Ele vai trazer informações e insights extremamente importantes para o seu desenvolvimento profissional.

O MOTOBOY QUE VIROU PROGRAMADOR E PROFESSOR

Um exemplo clássico que tivemos na Gama foi o de um motoboy que passou quase seis anos ganhando em torno de 1,2 mil reais para desempenhar suas funções. Ele às vezes fazia alguns bicos, mas esses trabalhos adicionais esporádicos não geravam tanta diferença em sua renda mensal.

Um dia, depois de ver o aplicativo de uma plataforma de entregas em que o recebedor assinava o recebimento das entregas com o dedo, ficou muito curioso. Aquilo o encantou a ponto de ele querer descobrir quem fazia aplicativos como aquele. O motoboy entendeu, então, que desenvolver tal aplicativo era função dos programadores, e decidiu estudar o assunto de modo autodidata, durante três meses, sozinho, vendo vídeo tutoriais no YouTube.

Resolveu também fazer o processo seletivo da Gama. Foi reprovado duas vezes e passou na terceira. Foi bolsista, fez o curso gratuitamente, e ao concluí-lo conseguiu um emprego em uma grande empresa de cosméticos, ganhando um salário bem mais alto – em torno de 4 mil reais – do que as médias salariais que havia recebido anteriormente. Desde então, teve outras duas promoções e hoje ganha em torno de 8 mil reais.

A diferença entre todos esses salários não é difícil de entender. Em seu processo de crescimento, ele nada mais fez além de estudar e aplicar o conhecimento adquirido. Uma vez que tornou orgânicas essas novas habilidades, estudou e aplicou o conhecimento obtido na prática de novo. E assim foi fazendo até se tornar um profissional mais qualificado e valorizar naturalmente o seu passe. Todo esse desenvolvimento se deu em um período de quase quatro anos.

Mas se você pensa que essa história acaba aqui, eu digo que você está enganado. O mais legal disso tudo é que um dia ele me ligou dizendo que tinha tido uma ideia maluca e que precisava da minha ajuda para viabilizá-la. Então me contou que havia algumas semanas ele juntara uma dezena de jovens da favela que só tinham como opções de sustento o tráfico de drogas ou subempregos, e estava ensinando programação a esses meninos no salão do centro comunitário do bairro. Então ele pediu que eu desse uma palestra sobre carreira a esses jovens. Naquele momento, eu já estava mergulhado em lágrimas, me lembrando da história daquele motoboy que agora estava retirando dez pessoas do tráfico de drogas.

Olhando em retrospecto, posso dizer que, em seu favor para a mudança de vida, ele sempre foi uma pessoa introspectiva, mas gostava muito de matemática; era curioso e tinha um perfil investigativo; sua grande motivação era se desenvolver economicamente para poder dar um futuro melhor aos filhos. Tudo isso o impulsionou para fora da zona de conforto, pois é alguém muito resiliente. Ele sempre pensou de maneira lógica e resolutiva, então teve mais facilidade para entender a lógica da programação. Para contribuir com seu êxito, ainda teve o fato de o mundo pagar – e bem – os profissionais que trabalham com programação de aplicativos. Esse é o *ikigai* dele, aplicado à prática.

A IMPORTÂNCIA DO DINHEIRO

Todo esse conhecimento que trago neste livro é aplicado na Gama, como aconteceu no caso do motoboy. Por isso, não raras vezes ouvi dos alunos questionamentos sobre o fator remuneração ser uma medida de verificação do sucesso. Já tive estudantes que trabalhavam em ONGs e outras iniciativas do terceiro setor que não gostavam de preencher a matriz porque acabavam se vendo "pressionados pelo mundo capitalista".

Você mesmo, leitor, pode estar afirmando que não lhe interessa ganhar muito dinheiro, mas, sim, identificar seu *ikigai* para poder parar de sofrer no trabalho, não importando se ganhará mais ou menos por isso.

O ponto é: você está feliz fazendo o que faz? Está fazendo o que gosta? Alguém lhe paga bem por isso? Geralmente, essas mesmas pessoas que me questionavam sobre a validade do fator remuneração eram as que respondiam afirmativamente às duas primeiras perguntas, mas tinham dificuldades em responder à terceira com um "sim". Elas acabavam completando a MTR só para cumprir tabela, e geralmente quando se enrolavam ao responder sobre remuneração é que seu *ikigai* ficava mais frágil.

A grande maioria desses profissionais trabalhava no terceiro setor e dependia de patrocínio, de incentivos fiscais e de auxílios da iniciativa privada. O que quero dizer com isso é que o dinheiro possibilita a realização de mais atividades se você souber correr atrás dele e valorizá-lo de maneira adequada – começando pela valorização do seu tempo, então pelo tempo da instituição, e assim sucessivamente, de acordo com os pontos que já falamos neste livro.

A Bia Martins, fundadora da ONG Olhar de Bia, é um dos exemplos de pessoas que mudaram seu mindset, em relação ao dinheiro e seus usos. Ela foi uma das que questionou seu próprio *ikigai*, visto que seu propósito nunca foi ganhar dinheiro. No entanto, ela entendeu que o patrocínio das empresas dependia de sua relação com o dinheiro. Ela criou uma organização baseada em ESG – governança ambiental, social e corporativa, da sigla em inglês Environmental, Social and Governance – e presta serviços nessa área para as empresas. Por meio de sua ONG, proporciona incentivos fiscais às empresas, mas também dá a elas os indicadores para que possam medir os impactos positivos que estão gerando com a iniciativa. Tudo isso só aconteceu depois de ela perceber que precisava melhorar a relação com o dinheiro e entender que ele, apesar de não ser o seu propósito, era um meio para ela escalar seu negócio e impactar ainda mais o mundo.

Além da Bia, já tive muitos alunos que questionaram ter seu sucesso mensurado, arbitrado e comparado através apenas da remuneração ao longo do tempo. Existem muitas formas de viver o seu propósito, de viver a sua felicidade. Não estou afirmando que o dinheiro é o único objetivo, pelo contrário. Ele sempre será o meio para que você atinja a liberdade que deseja para ter escolhas.

Quanto mais escolhas você quiser fazer de maneira autônoma, individual e sem ter que prestar contas a ninguém, mais o dinheiro será seu aliado. Isso significa, entre outras coisas, comprar a sua própria casa e a casa de sua mãe, melhorar a vida de seus irmãos, mudar a vida de sua prima que vai de ônibus para o trabalho todos os dias e precisa de um carro para se locomover com mais comodidade. Para todos os casos de pessoas a quem você quiser ajudar, precisará de dinheiro para isso.

Tão importante quanto a questão de ter dinheiro para ajudar os outros é a de que é preciso sempre se ajudar primeiro. Para qualquer turbulência, vale a orientação de emergência dita nos aviões, antes de iniciar um voo: primeiro coloque a máscara de oxigênio em você, depois nos outros. Primeiro ajude a si mesmo, depois socorra os demais. Mude a sua realidade, e automaticamente se tornará exemplo para os outros.

Ao fim deste capítulo, preenchida a MTR com esse retrato dos últimos dez anos de quanto evoluiu e de quanto foi remunerado pelos saltos evolutivos, quero chamar você a percorrer o próximo passo comigo, que é construir a rede de contatos que o levará até outro patamar profissional. Está preparado? Então venha comigo conhecer a *Iceberg Framework*!

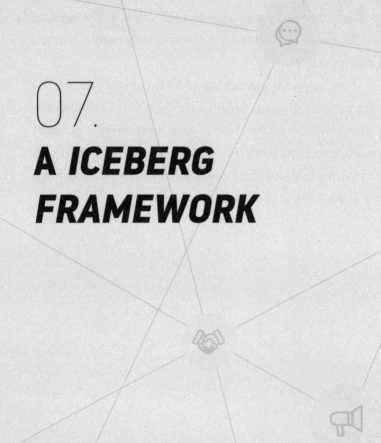

07.
A ICEBERG FRAMEWORK

Conforme falei lá no início do livro, todos dispomos de três recursos escassos com os quais precisamos saber trabalhar para, com o auxílio do bom uso deles e de outras ferramentas importantes para o desenvolvimento profissional, atrairmos a atenção de pessoas que consideramos relevantes para o nosso sucesso e para o mundo.

Uma delas é a que quero apresentar para você agora. Eu a nomeei de *Iceberg Framework*. Eu a concebi depois de ter feito um curso inspirado no livro *Como fazer amigos e influenciar pessoas*, de Dale Carnegie.[33] No curso, havia alguns exercícios que nos estimulavam a entrar em contato com pessoas importantes, a partir da escolha de uma letra como inicial dos nomes a serem abordados, e trazer o resultado dessas conversas para a aula. A missão envolvia conhecer um pouco dessas pessoas, olhando em suas redes sociais, entre outras coisas, para poder abordá-las com eficiência. Tínhamos que inventar formas de abordagem.

Nesse processo aconteciam coisas mágicas. Às vezes, rolava uma conexão porque as pessoas abordadas não sabiam o que fazíamos da vida em termos profissionais, e desses contatos apareciam indicações de trabalhos. Aquilo me deu um estalo e comecei a fazer esse exercício continuamente, por meses, abordando entre três e cinco contatos por semana. Eu só ia variando as iniciais dos nomes escolhidos.

---

[33] CARNEGIE, D. **Como fazer amigos e influenciar pessoas**. Rio de Janeiro: Sextante, 2019.

Após algum tempo, observei que o networking aleatório não me acrescentava muito, ainda mais em um momento em que eu estava empreendendo, mas a inspiração para criar a ferramenta veio daí.

Como empreendedor, me dediquei aos "3 Ds" do empreendedorismo: comecei no Desejo de fazer algo que impactasse positivamente o mundo, que me levou à Determinação de fazer e acontecer, e culminou na Disciplina para tocar o negócio. Hoje, vejo que estou muito mais disciplinado do que qualquer outra coisa. Ao descobrir que aquela forma de construir networking a partir da escolha aleatória de iniciais não me trazia grandes resultados, abri uma planilha e, naquele dado momento, criei a ferramenta *Iceberg Framework*. Basicamente, o que comecei a fazer foi listar categorias de pessoas diferentes.

Eu estava imerso no mundo das startups e decidi que seria uma autoridade nesse mercado, pois poucas pessoas falavam disso no Brasil. Determinei que seria um dos mais influentes no assunto. Estabelecida essa grande visão, eu precisava, primeiro, aprender o que era uma startup; segundo, aprender a construir uma startup; terceiro, ter sócios e mentores para construir essa startup e, no futuro, ter investidores que apoiassem minha iniciativa, pois já havia aprendido que esse era um modelo de negócio que requeria investimentos.

Logo, criei minha primeira versão da *Iceberg Framework*. Era uma planilha, com espaços para colocar nomes de pessoas de diferentes categorias. Eram empreendedores em quem eu poderia me inspirar. Então fui adicionando outras classificações de pessoas com quem gostaria de manter contato: possíveis sócios, mentores que poderiam me ajudar a levantar a startup, empreendedores nos quais me inspirar, e possíveis investidores que apoiassem financeiramente meu negócio. Ela tinha uma aparência conforme a tabela que mostro a seguir.

Nº	Sócios	Mentores	Empreendedores	Investidores
1	Pessoa 1	Pessoa 1	Pessoa 1	Pessoa 1
2	Pessoa 2	Pessoa 2	...	Pessoa 2
3	Pessoa 3	...		Pessoa 3
4	...			...
5				
6				
7				
8				
9				
10				

Listei dez pessoas para cada categoria e estabeleci uma rotina com cada um desses nomes, de acordo com o nível, que ia do 1 ao 6. No nível 1 estavam os nomes de gente que eu não conhecia pessoalmente, mas que me inspirava. Eles estavam na extremidade inferior do iceberg, no fundo da água. Já os nomes do nível 5 eram aquelas pessoas que eu não só conhecia e cuja casa eu já tinha frequentado, como conhecia o entorno familiar, tinha seu número de celular, fiz atividades com elas; enfim, eram aqueles contatos para quem podia ligar às dez da noite, sem cerimônia.

Essa classificação por níveis de conhecimento se mantém até hoje. Na planilha que apresento a você é possível ter, por exemplo, o Bill Gates como nível 1 e transformá-lo em nível 5, mas isso dependerá de suas ações e articulações, e de quanto do seu tempo você investirá para atrair a atenção dele e tê-lo em seu círculo de pessoas próximas, com quem você deseja falar com frequência.

Quando comecei, tinha na minha lista nomes como Yuri Gitahy, um dos primeiros a falar sobre startups no Brasil; Gustavo Caetano, que à época era o Mark Zuckerberg brasileiro, pois tinha a startup mais proeminente do mercado; Amure Pinho, fundador e presidente da Investidores.vc, a mais completa plataforma de investidores-anjo do país; Fábio Póvoa, cofundador da Movile/iFood, professor da Unicamp e *managing partner* na Smart Money Ventures; Cassio Spina, investidor-anjo e fundador da Anjos do Brasil; e Juan Bernabó, empreendedor que se dedica a ajudar as instituições a migrar da era industrial para a era do conhecimento.

Ao longo dos anos, todos esses contatos foram mudando de nível no círculo das pessoas que tenho ao meu redor. Os relacionamentos profissionais duradouros não são construídos a curto prazo, e os resultados tampouco vêm de maneira rápida. É preciso cultivá-los.

Para cada pessoa que coloquei no começo dos meus experimentos com a *Iceberg Framework*, pegava minha agenda e falava periodicamente com elas. Com algumas, eu falava semanalmente e fazia ações com elas. Com isso, descobri datas de aniversários, marquei almoços, fui conhecendo os familiares, eu praticamente fiz um CRM com esse networking. O importante é que eu ia marcando os contatos que eram realizados.

Pode parecer difícil entrar em contato com pessoas com quem você nunca falou e elegê-las para fazer parte de sua *Iceberg Framework*, mas a melhor maneira de isso acontecer é encontrando formas de ser útil para elas. Pode ser detectando bugs em suas páginas na internet e reportando-os para ela; comentando tópicos em algum blog ou perfil que essa pessoa tenha, de modo a estabelecer um diálogo produtivo; organizando eventos e chamando alguma delas para palestrar etc.

O importante é sempre buscar uma interação que seja proveitosa para ambas as partes, de modo a criar sinergia. Quando você tem a possibilidade de organizar um evento e chamar a pessoa para palestrar, por exemplo, você não é apenas um participante entre os trezentos que estarão presentes para ouvi-la, mas o responsável por comprar a passagem para que ela compareça, organizar a logística de sua vinda, buscá-la no aeroporto, levá-la ao hotel, conduzi-la nas visitas técnicas, gerar negócios para ela na sua cidade, buscar espaço na mídia para que sua presença seja potencializada, entre tantas outras atividades que a façam se sentir tão relevante quanto ela realmente é.

EXERCÍCIO 1

A seguir há perguntas úteis sobre você mesmo e o que pode oferecer às pessoas com quem deseja estabelecer uma relação profissional duradoura, além de questões que visam ajudar o estabelecimento de uma boa rede de networking. Elas o auxiliarão a entender melhor quem você é como pode ser útil a quem deseja que faça parte de seu círculo de contatos.

Quais habilidades tenho que podem ser atraentes aos demais?

Quais são as minhas maiores contribuições para o mundo? Como poderia contribuir ainda mais?

Como posso comunicar quem sou de um modo efetivo e atraente?

Quais oportunidades e sinergias de negócios posso oferecer aos meus contatos?

Quais são os ambientes mais adequados para eu estabelecer boas interações profissionais e aprimorar minha rede de contatos?

_____

_____

_____

_____

_____

_____

_____

_____

_____

_____

_____

_____

_____

REGRAS DE OURO DO NETWORKING

Quando criei a ferramenta *Iceberg Framework*, o fiz baseado nos 3 Cs que são os pilares fundamentais do networking: Consciência, Consistência e Contundência.

Consciência é saber *para quem* dar a sua atenção. Só de filtrar cinquenta pessoas em cinco categorias e cinco níveis você já está sendo mais consciente do que esmagadora maioria da população brasileira, que não sabe fazer networking de maneira produtiva e focada.

Consistência está no fator *entrega*. É preciso ser consistente ao entregar, doar, ser altruísta para ajudar e não ser interesseiro, mas, sim, interessante.

A Contundência está no *timing* e no *senso de oportunidade*. É o fazer o networking e saber utilizá-lo na hora e da maneira corretas.

Certa vez, precisei de contatos do Serviço Brasileiro de Apoio às Micro e Pequenas Empresas (Sebrae) e da Agência Brasileira de Exportações e Investimentos (Apex Brasil) para fechar um grande patrocínio. Eu estava em uma negociação que em dado momento simplesmente travou. Liguei então para o Yuri Gitahy pedindo auxílio, para que ele fizesse a articulação necessária. Como já tínhamos uma saudável relação de parceria e camaradagem, ele me ajudou a fechar um importante patrocínio, realizando apenas uma ligação telefônica. Isso é um exemplo de contundência.

EXERCÍCIO 2

Agora é a sua vez de elaborar a *Iceberg Framework* com os nomes que o ajudarão a alavancar sua carreira, de acordo com a tabela a seguir.

Nela, estabeleça três categorias de profissionais com quem você deseja estabelecer relação profissional. Podem ser especialistas na sua área de atuação, influenciadores digitais, presidentes das empresas que atuam no seu ramo etc. Elas devem ser pessoas em quem você se espelha e com quem gostaria de ter contato frequente. Nas células abaixo de cada categoria, insira o nome das pessoas com quem quer se relacionar.

Lembre-se de que o intuito é levar esses nomes do nível 1, mais superficial (onde estão aquelas que não conheço pessoalmente, mas vejo na mídia ou em eventos especializados, por exemplo), na parte mais escondida do iceberg, para o nível 5, mais próximo (onde estão as com quem tenho bastante contato, para quem posso ligar de madrugada pedindo ajuda, se necessário, sem me sentir constrangido), na parte visível do iceberg.

Níveis de 1 ao 5	Categoria 1: _____	Categoria 2: _____	Categoria 3: _____

DISCIPLINA E CONSTANTES ATUALIZAÇÕES SÃO ALIADAS NO USO DA FERRAMENTA

A disciplina é um fator determinante para o sucesso do *Iceberg Framework*. Uma vez que a sua lista esteja preenchida, é importante que você estabeleça uma rotina de contatos semanais, com duas ou três interações por semana, em que você fale pelo menos mensalmente com cada uma delas.

Como é preciso fazer essas interações pelo menos uma vez por mês, sugiro que você treine seu senso de oportunidade e ligue seu radar para todas as ocasiões em que poderá ser útil a essas pessoas, como acompanhá-las nas redes sociais para saber o que estão fazendo e encontrar pontos em comum entre as atividades que ambos estejam desenvolvendo; estar atento à mídia, que pode render indicações para que essas pessoas escrevam artigos ou deem entrevistas; pensar em sinergias de negócios; criar ações conjuntas que possam gerar proximidade entre vocês etc. Sempre pense em maneiras de ser útil a elas.

Esse ciclo de fazer listas e contatar pessoas tem dois momentos de renovação: quando, dentro de uma mesma construção de carreira, você já conseguiu chamar a atenção e entrar para o círculo das primeiras, e faz uma nova lista depois de quatro anos com, por exemplo, subcategorias; ou quando sua construção de carreira muda e você lista nomes da sua nova área.

No meu caso, por exemplo, eu primeiro busquei chamar a atenção e criar sinergia com nomes ligados ao mundo das startups. Agora, minha nova lista inclui gente relacionada ao setor da educação, para além do empreendedorismo, que era meu foco inicial. Conforme meu conhecimento sobre o mundo das startups foi aumentando e eu fui me embrenhando pela área de educação, subcategorias foram sendo criadas por mim; você sempre pode criar subcategorias dentro das categorias já existentes.

Anote todos esses contatos e, se possível, o tipo de interação que estabeleceu. Isso será imprescindível para que possa manter a disciplina em dia e não perder nenhuma oportunidade de interação.

Sobre a manutenção dos contatos, há obviamente aqueles casos em que você descobre que uma pessoa que queria conhecer no início não é bem o que você imaginava, por interesses divergentes ou por outras questões de afinidade. Nessas situações, simplesmente descarte esse contato e dedique mais tempo aos outros com os quais você se identificou no fim das contas. Lembre-se de que nem todas as pessoas se tornarão suas amigas, nem é esse o objetivo primordial. São contatos criados principalmente para você poder criar sinergias profissionais. Se vocês se tornarem amigos, tanto melhor, mas esse não é um fator decisivo para nada.

Na minha trajetória na Gama, houve casos ainda em que esses contatos, em algum momento, viraram autoexcludentes. Quando me deparei com situações em que duas pessoas da minha lista poderiam ser classificadas como concorrentes entre si, foquei a que mais tinha a ver comigo e eliminei a outra do meu círculo. É natural que coisas como essa aconteçam no decorrer do processo.

Apesar de a falta de afinidade às vezes fazer parte do pacote, não é necessário criar inimizade com ninguém. A seleção natural acaba acontecendo por razões intrínsecas ao processo. Tive contatos, ao longo da execução da *Iceberg Framework*, que simplesmente deixaram de ser meu foco porque mudaram de ramo de atuação ou de país, por exemplo, ou ainda adoeceram gravemente e se afastaram para tratar-se, e os contatos se tornaram menos frequentes ou minguaram de vez, o que é compreensível e até esperado.

INDO MAIS ADIANTE COM O *LEVELLING*

Quando se trata da *Iceberg Framework*, lembre-se de que sua meta básica é estabelecer os contatos que profissionalmente lhe interessam e trazê-los do nível 1 ao nível 5, ou seja, do mais distante ao mais próximo, com disciplina e contundência, impactando a maior quantidade de pessoas. Isso, por si só, já é suficiente para mudar a vida de alguém.

Uma coisa que faço no uso da ferramenta para otimizar ainda mais sua eficácia é o que eu chamo de *levelling*, depois de aprender sobre esse conceito com os engenheiros do Nubank. Ele nada mais é do que categorizar as pessoas em 7 níveis.

Esses níveis variam entre novato, aprendiz, praticante, profissional, líder, professor e mestre, sendo que mestre está no topo das categorias e é consequentemente o maior conhecedor do assunto que você categorizou. Então, dentro de um tema, há pessoas nessas diferentes categorias.

Se tomarmos como exemplo a área dos desenhos animados, poderíamos pensar em Walt Disney como o nome de um mestre, pois ele criou personagens emblemáticos, seus filmes e revistas em quadrinhos entraram para a cultura norte-americana e mundial, e ele criou um verdadeiro império com seus produtos.

No entanto, quando pensamos em Walt Disney como um mestre e o contato mais cobiçado, temos um primeiro problema sério, que é o fato de ele já ter morrido. Caso queira ter contato, então, com o CEO do Grupo Disney, que até 2023 era Bob Iger, o mais prudente é categorizá-lo como um mestre e tentar se aproximar de outras pessoas mais acessíveis que estejam próximas a ele, que estarão categorizadas em níveis mais baixos.

O *levelling* é útil, portanto, para que você possa tomar pé de quem é quem entre as pessoas de quem deseja se aproximar, e do grau de relevância de cada uma delas na escala. Outra coisa fundamental é que esse contato precisa fazer sentido. Às vezes, é mais produtivo chegar em alguém que esteja próximo ao mestre e ter discursos que tenham a ver entre si do que chegar no mestre e não ser interessante para ele – e perder a oportunidade de desenvolver, com esse contato, uma relação que seja benéfica para ambos.

Agora que você compreendeu como deve criar listas de contatos que sejam relevantes e como abordá-las, vamos à próxima ferramenta, que o levará a assumir compromissos de modo a tornar mais efetiva a sua evolução profissional. Ela está no virar da próxima página. Até lá!

08.

A FAST LEARNING FRAMEWORK

Ao longo do livro, já falamos um bocado sobre aprendizado, esse processo que envolve o aprender sobre si mesmo: do que gosta, o que faz bem, como ser remunerado pelo que faz bem, como contatar pessoas que façam sentido para a sua carreira e como atrair a atenção delas, criando sinergias benéficas para todos.

É importante ter em mente que há vários modos de aprender. Cada um aprende de um jeito, mas basicamente há três tipos de aprendizagem: a pedagogia (que etimologicamente vem dos termos gregos *paidós*, criança, e *agodé*, condução), que é focada na educação da criança; a andragogia, que tem como origem a junção das palavras gregas *andros*, adulto, e *agogus*, conduzir, que, portanto, tem como foco o ensino do adulto; e a heutagogia (formada pelas palavras gregas *heutos*, auto, e *agogus*, conduzir), que é a aprendizagem autônoma, independentemente da faixa etária do aprendiz.[34]

O adulto aprende por meio da andragogia, o processo no qual ele se capacita em determinado assunto. Tanto na pedagogia quanto na andragogia geralmente se aprende por meio de um curso, quando se terceiriza a alguém, como ao professor, a escolha da ordem dos conteúdos e a forma como eles serão dados.

---

[34] CONZATTI, M. **Organização do trabalho educativo em ambiente não escolar**. Indaial: Uniasselvi, 2014.

Quando juntamos a andragogia com a heutagogia é que chegamos à *Fast Learning Framework*, a ferramenta que desejo que você conheça agora. Eu a apliquei durante anos nos cursos ministrados na Gama Academy, por seu poder de potencializar o aprendizado. A melhor métrica para assegurar que essa ferramenta funciona é a de que, enquanto o mercado de cursos e formações tem apenas entre 3% e 5% de *graduation rate*, ou taxa de formação, na Gama temos, em média, 82%. Ou seja, de cada dez alunos, oito saem formados. A taxa de evasão é muito baixa.

O que quero dizer com isso é que essa metodologia pode ajudar você, leitor, que quer aprender qualquer coisa, a fazê-lo de maneira mais rápida e fluida com a FLF, sem travar no meio do caminho. Para isso, assim como em um jogo de futebol, você precisará apenas do campo e das regras. Isto é, precisará do ambiente de ensino, que é o campo, e das regras, porque um campo permite que joguemos qualquer jogo de bola – futebol, rúgbi, futebol americano ou beisebol –, então o que muda entre cada um deles? Justamente as regras. São elas que põem os pontos e as linhas em lugares diferentes, ditam se você pode ou não pôr a mão na bola durante a partida etc. Assim é também com o aprendizado: primeiro se formata o ambiente de ensino, depois chega-se ao formato da aprendizagem.

Para ser eficaz, o ensino precisa estar baseado em projetos ou problemas, em um sistema de *Project-Based Learning*. O PBL, ou projeto de aprendizagem, nada mais é que um método de ensino construtivo, cujo propósito é promover conhecimento aprofundado por meio de exercícios e interações que engajem os alunos com base em questões reais e importantes da vida.

OS TRÊS PILARES DA FERRAMENTA

Observe a figura a seguir, que representa a *Fast Learning Framework*.

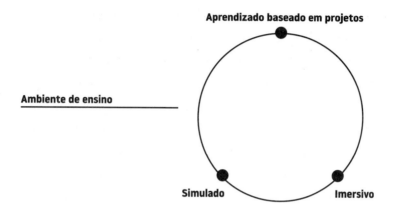

Figura 3: *Fast Learning Framework*. Fonte: elaborada pelo autor.

A FLF tem três pilares fundamentais: um *ambiente simulado*, que seja *imersivo* e esteja baseado em *projetos*. Para falar do primeiro pilar da ferramenta, o ambiente simulado, vou pegar um exemplo simples e corriqueiro.

Quando você quer tirar carteira de motorista, por exemplo, primeiro se matricula em uma autoescola que proporcione os ensinamentos básicos sobre sinais de trânsito, legislações e práticas na condução de veículos, para só então se programar para ter aulas no veículo, pois para dirigir, efetivamente, não é possível apenas assistir a aulas on-line ou ouvir um professor falar. É preciso dirigir em um simulador e depois treinar a condução já em um veículo, mas com um instrutor ao lado que possa frear, se necessário, e evitar acidentes.

Para falar do segundo pilar, a imersão, é fundamental lembrar do caráter imersivo, pois ele evita distrações e a necessidade de ficar com os sequestradores de tempo. Um ambiente imersivo consegue fazê-lo valorizar e intensificar o uso do tempo, uma vez que, por mais cansativo que esse período de aprendizagem possa ser, ele precisa ser exponencial em termos de praticidade e resultado.

Lembre-se de que o termo "imersivo" nos remete a mergulho, a ir mais fundo. Para ter atenção plena, é preciso foco em uma única coisa: a respiração, pois, quando nas profundezas, o foco deve estar no ato de respirar, em seguir as instruções da equipe de mergulho, em prestar atenção no relógio que marca a profundidade, e assim sucessivamente. A imersão, portanto, traz direção e foco.

Já o aprendizado baseado em projetos dá uma motivação porque está atrelado a uma entrega, a um compromisso assumido. Quem deseja aprender não está ali apenas para se capacitar. Esse tipo de aprendizado envolve a entrega de um projeto que deve ser realizado ao final de um determinado período.

APRENDER DE MODO DINÂMICO E COM PRAZO DEFINIDO

Quando fazemos a compressão de tempo, otimizamos o processo de aprendizagem. Então, em vez de fazer um curso de doze meses, por que não optar por outro de apenas doze semanas, por exemplo? Por que, em vez de fazer um curso de doze semanas, não fazer outro de três dias, que começará pela manhã e terminará à tarde, estudando de maneira simulada, resolvendo problemas e criando projetos que farão com que você aprenda muito mais em menos tempo? Posso lhe garantir que essa mudança de abordagem, por si só, já muda a educação.

Na Gama Academy, desde o primeiro dia do curso, é aplicada essa abordagem. Quando o aluno chega, vê que estudará com pessoas de skills multidisciplinares, como programadores, designers, profissionais de marketing, de vendas etc. Ele se envolve então em um PBL, um processo de aprendizado baseado em problemas, com um objetivo específico e um prazo reduzido, geralmente de uma semana. Esse projeto precisa ter sempre um resultado mensurável e factível, para checagem de seu êxito.

A ferramenta é comprovadamente útil para os aprendizados mais diversificados, como aprender a tocar violão, falar inglês, ser empreendedor e até pilotar aviões, ou seja, para aprender qualquer tarefa. Para isso é preciso, primeiro, criar o ambiente; em seguida, dar um formato para essa aprendizagem, tendo como base quatro elementos:

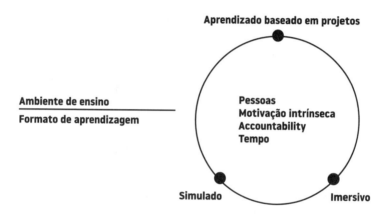

Figura 4: *Fast Learning Framework*. Fonte: elaborada pelo autor.

- *Pessoas*, assim mesmo, no plural. Essas pessoas precisam se apoiar mutuamente, munidas da mesma motivação intrínseca;
- *Motivação*, ou seja, as pessoas que desejam aprender precisam fazê-lo com um objetivo em comum, que é a motivação intrínseca;
- *Accountability* (termo em inglês que quer dizer "prestação de contas"), um senso de responsabilização mútua e respeito pelo outro, pelo tempo do outro e pela cobrança que ele exercerá naturalmente em todos os membros do grupo;

- *Time frame*, ou o período de tempo que regerá todas essas pessoas ao longo da atividade que será desenvolvida, para que elas atinjam seu objetivo em comum.

Quando as pessoas se reúnem em prol da realização de um único objetivo, elas despertam entre si uma motivação intrínseca. Uma pessoa gerará *accountability* na outra, por um determinado tempo, que levará a algo denominado na educação como *peer pressure*, que é a pressão exercida por um par. Quando isso é aplicado em pequenos grupos, como é feito na Gama, eles exercem entre si um senso de competitividade saudável, visto que tendem a comparar seus progressos.

A ferramenta *Fast Learning Framework* é poderosíssima quando utilizada adequadamente. Ela proporciona mudanças efetivas em quem se propõe a usá-la. É para quem realmente deseja aprender e se motivar para fazer acontecer.

Um exemplo de uso da FLF é se você deseja aprender inglês, por exemplo. Primeiro, você avisa a um grupo de pessoas que dará uma palestra de inglês daqui a um mês. Depois de reunir interessados em assisti-la, você estuda os conteúdos da palestra ao longo desse tempo, ainda que em português; então, a traduz ao inglês mesmo que demoradamente, por conta própria, validando item a item, talvez com a assistência ou o direcionamento eventual de um professor, e, com tudo pronto, vai apresentá-la a esse grupo pré-selecionado.

Com isso, você cria uma imersão. A palestra vai auxiliá-lo muito mais do que um curso, porque você terá se comprometido a fazer uma boa entrega às outras pessoas.

Quer aprender a tocar violão? Monte uma banda com gente que também não saiba tocar bateria, baixo, guitarra. Monte uma banda em que ninguém saiba tocar nada, mas que também todos estejam dispostos a aprender. E sem professor. Entre, então, no Cifra Club e escolha uma música com todo o grupo, e todos terão apenas uma canção para aprender a tocar e para ensaiar. Somente uma canção, com um mês adiante para ensaiá-la. Todos gerando *accountability*, tendo de ensaiar pelo menos duas vezes por semana. Escolham uma data específica para fazer a apresentação, como o grande dia de alguém ou um aniversário de um ente querido muito especial. Todos terão aprendido a tocar seus instrumentos, e é o compromisso de levar a cabo a apresentação que terá feito isso.

Ao longo dos anos, testamos muitas vezes a FLF na Gama Academy, com mais de cinquenta turmas. Os relatos dos participantes continham afirmações variadas, com muita gente dizendo que nunca tinha aprendido tanto em tão pouco tempo; que tinham dúvidas em relação à própria entrega, e que no final se surpreenderam por conseguir atingir o objetivo estabelecido; que tinham experiência de coordenação, mas no grupo se transformaram em líderes e direcionadores dos trabalhos, entre muitos outros depoimentos emocionantes.

Mas o mais importante disso tudo é que todos os exercícios com a FLF geravam conflitos, que por sua vez traziam o desenvolvimento das soft skills na essência, pois não existe a possibilidade de aprimorar suas soft skills apenas estudando a teoria.

Há gente que faz um curso de Inteligência Emocional, tira o certificado e se sente apta a lidar com qualquer situação que a vida exija, acreditando estar muito melhor emocionalmente. Quando chega ao trabalho, se depara com a colega que puxou seu tapete durante sua ausência, conquistou a promoção que era para ser do outro, e então essa pessoa certificada se exalta, grita, parte para a violência com a colega, e seu diploma de inteligência emocional vai para os ares.

O que é maravilhoso na metodologia da FLF é que ela tem como efeito secundário o desenvolvimento de habilidades comportamentais que são extremamente necessárias ao convívio em sociedade. Foi na construção desse método que aprendi que não existem pessoas difíceis, mas, sim, pessoas que mostram a você comportamentos e habilidades que você mesmo ainda não desenvolveu.

Como descobri isso? Ao final de todo desafio que propúnhamos com a FLF, fazíamos uma avaliação 360° dos indivíduos, ou seja, uma avaliação que combinava a autoavaliação, a avaliação dos pares e a avaliação dos professores. Nela, víamos que existiam pessoas – em sua maioria homens – que, além de se autoavaliarem como "fodões", principalmente em suas habilidades comportamentais (saber trabalhar sob pressão, ter empatia, saber trabalhar em equipe, comunicar-se efetivamente, e não violentamente etc.), atribuíam a si mesmos notas elevadas, enquanto as equipes coordenadas por eles lhes davam nota baixa.

Era nesses momentos que tínhamos a plena visão daquelas pessoas que muitas vezes se vendiam e se comportavam bem, pareciam ser boas e inteligentes, mas simplesmente não conseguiam conviver com outras pessoas.

Nesse contexto, pude entender que aprender, no fim das contas, é a única *skill* que importa, e saber se relacionar com as pessoas é a única coisa que vai lhe manter vivo, profissionalmente falando.

A RELAÇÃO ENTRE TEMPO DE APRENDIZADO E A FLF

A importância da FLF no método apresentado neste livro está diretamente relacionada à MTR, quando levamos em consideração que otimizar o tempo de seu aprendizado em qualquer assunto e implementar esse conhecimento adquirido é o que fará seu salário aumentar. Esse é um outro jeito de aprender, muito mais dinâmico e coletivo, e que certamente vai tirar você da zona de conforto.

A FLF é utilizável para qualquer coisa que você queira aprender, desde que esteja disposto a entender a importância de fazer a andragogia caminhar em conjunto com a heutagogia e que, embora dê um pouco mais de trabalho, é mais eficaz do que simplesmente pagar um curso e achar que isso por si só fará com que você aprenda o que deseja. Começar o curso é apenas o início de todo processo de aprendizagem.

A FLF pode ser inclusive complementar ao modelo de educação que hoje entendemos como suficiente – que, na verdade, é insuficiente, demorado e sem qualquer garantia de sucesso. Se fizermos um curso presencial ou on-line para aprender a tocar violão, veremos que ele não é ruim, porém vai se ater somente ao caráter técnico da aprendizagem. A FLF ajuda a tornar o processo mais ágil e absorvível.

Como ao longo do livro falamos sobre compressão de tempo para elevar os resultados, por meio do método apresentado aqui, meu intuito é que você passe a ganhar mais, porém no menor tempo possível. Isso só acontecerá se você aprender a aprender de maneira rápida, implementar esse resultado, aprender rápido novamente, implementar esse resultado, e assim sucessivamente. Quando isso acontece, em cinco anos você já ganha dez vezes mais. Esse é um processo extremamente potente.

Não existe *accountability* sem que você tenha a motivação de aprender algo com um compromisso já agendado. Não existe o compromisso de emagrecer se a sua *accountability* for somente com o seu *personal trainer*; nem o compromisso de tocar violão se a sua *accountability* for somente com o seu parente que toca violão para um cantor famoso. Ela só existe com quem está no mesmo nível que você, com aliados no seu aprendizado.

É preciso mudar o foco e começar o aprendizado baseado no resultado, e não somente na entrega. A maioria das pessoas que dão certo são aquelas que têm seu êxito medido pelo resultado, não pelo esforço. O mundo remunera as pessoas pelo esforço, mas as que ganham mais dinheiro são as metrificadas pelo resultado, que é o que faz com que elas cresçam.

Na Gama Academy, por exemplo, há algo que fazemos no PDI (Plano de Desenvolvimento Individual) dos colaboradores. Nós damos uma missão para o colaborador, ao longo de um tempo, que precisa ser realizada com um resultado claro a ser atingido. O líder daquele colaborador, por entender que precisa dar suporte e direção a ele, o ajuda dando o rumo necessário para ele ir adiante. Então ele oferece todos os cursos que trarão os ensinamentos de que o colaborador precisa para realizar sua missão e promete que, caso o faça, ele subirá um patamar em seu *levelling*, que vai de aprendiz a mestre.

Ao fazer isso, o líder não está mensurando os esforços do colaborador. A maioria dos empregadores faz assim: se precisa que algum de seus funcionários desenvolva uma habilidade específica, paga um curso para ele naquela área e já se dá por satisfeito ao ver o diploma que a pessoa conquistou. No entanto, isso não diz nada. Ela fez apenas um esforço para obter uma certificação, mas não quer dizer que realmente aprendeu os conteúdos daquele curso a ponto de utilizá-los na prática.

Para saber se ela realmente aprendeu aquilo, o ideal é que ponha em prática os conhecimentos, implementando algo relacionado a eles e atingindo um resultado. O resultado, no fim das contas, pode ser até negativo, pois quando é exigido dela um resultado, ela será uma das pessoas que mais aprenderam sobre aquele assunto, ainda que o resultado em si não seja tão satisfatório quanto o esperado.

A grande questão desse método e o motivo de ele não ser amplamente utilizado é que ele dá trabalho. A maioria das coisas que dão trabalho ninguém quer fazer, pois as pessoas querem fórmulas mágicas. Os departamentos de Recursos Humanos das empresas preferem terceirizar para seus colaboradores a razão pelas coisas não se desenvolverem, atribuir a eles a responsabilidade por tarefas que não foram efetuadas. E por que isso acontece? Porque é difícil mensurar os resultados do aprendizado de um colaborador por meio de feedback que demonstrem as microtransformações pelas quais ele passou ou proporcionou aos outros, e é muito mais fácil simplesmente checar a obtenção de um diploma.

A aprendizagem é algo fluido, e deve ser um convite, nunca uma obrigação. Trazer isso para o mundo corporativo é um grande desafio. As pessoas não podem terceirizar o poder do aprendizado, por isso o plano de carreira é uma falácia. A tendência das empresas é dar o rumo para o colaborador se desenvolver dentro daquele perímetro, mas não há somente um único percurso válido para isso. É o colaborador quem vai construir a própria carreira, de modo personalizado. Eu costumo dizer que mais interessante que trilhar o caminho que a empresa oferece como certo em um plano de carreira é o colaborador tomar um helicóptero e ver o panorama de cima, olhar a grama do vizinho, observar se há um bairro mais bonito ao lado do que ele está.

COMO RECRUTAR ALIADOS EM PROL DE UM OBJETIVO NA FLF

De início pode parecer difícil aprender algo via FLF, tendo que recrutar aliados para isso, mas eu te digo que não é tão complicado assim. A seguir, dou algumas dicas de formas efetivas de conseguir parceiros que lhe deem essa motivação intrínseca para que, juntos, atinjam um mesmo objetivo.

Publique em suas redes sociais e em alguns grupos o que você tem como meta e compromisso. Mande uma mensagem do tipo:

"Pessoal, quero perder dois quilos em até dois meses porque tenho um evento e preciso caber no vestido. Quem aí quer perder dois quilos comigo em até dois meses?".

Assim, o primeiro passo é o recrutamento nas redes sociais e/ou grupos no WhatsApp que você já tenha formado. Convide os interessados para que cumpram a missão em outro grupo. Eleja qual será o conhecimento teórico ou o mentor que os guiará; pode ser um determinado tipo de dieta ou de exercício, como o crossfit, por exemplo.

Escolha o jeito simulado de fazer, como misturar academia com caminhada, e marque o compromisso. Depois, defina por quanto tempo isso será feito. Alguém vai levantar a mão no meio do caminho e perguntar: "E a alimentação, como deve mudar?". Muitos temas e assuntos surgirão nesse processo, e a chance de aprender coisas novas é enorme. Coloque elementos extras: "Vamos apostar cinquenta reais aqui! Quem perder mais peso ao longo desse período leva o prêmio!". É um duplo objetivo, perder bastante peso e de quebra conseguir os cinquenta reais.

Já no caso de querer aprender alguma coisa quietinho no seu canto, como um objetivo individual, a dica é: chame seu irmão ou irmã para ouvir uma palestra sobre o que você aprendeu. Dê uma aula para algum amigo, crie esse compromisso de ensinar alguém que saiba ainda menos do que você sobre aquele assunto que você acabou de aprender. Mas defina um compromisso, um projeto para entregar. Não comece a aprender nada se você não tiver um compromisso para entregar. Sua entrega vai fazer você aprender melhor.

O exercício, portanto, é: criar o compromisso, ter pessoas que sejam seus parceiros e aliados, mas também cobradores; fazer algo que motive essas pessoas a desenvolverem uma ação, pode ser uma aposta, uma apresentação, fazer uma foto ou vídeo em conjunto; e estabelecer um período para esse ciclo inicial terminar. Se ao fim do aprendizado você achar que não aprendeu tudo de que precisava, continue e trace outra rota. Só não determine ciclos longos, como de um ano: defina que concluirá seu objetivo em três meses.

Pense nesse esquema para tudo: aprender Excel, programação de sites etc. Primeiro, você precisa andar, para depois correr. Pense nesse aprendizado como o de um bebê, que não anda nem faz nada no começo. Então, primeiro, ele engatinha; depois, anda; em seguida, corre, e, no final, já faz tudo, até arte. O FLF o ajuda a fazer isso.

Fico feliz e satisfeito que você tenha chegado até este ponto do livro comigo. Tenho a certeza de que se já começou a colocar esse método em prática, sua vida começou a melhorar. No próximo capítulo, trarei alguns depoimentos de ex-alunos da Gama Academy que viram transformações profundas na própria vida. Está pronto para se emocionar? Então siga adiante!

09.
A REMUNERAÇÃO EXPONENCIAL NA PRÁTICA

Neste capítulo, quero compartilhar com você alguns *cases* que mostram como a remuneração de alguns ex-alunos da Gama cresceu de forma exponencial. A remuneração exponencial só acontece depois que você absorve o poder do tempo e o transforma em ação e aprendizagem.

Por isso que eu já mostrei como aprender, quais são as coisas importantes nessa nova geração e nesse novo momento que estamos vivendo. Agora, quero dizer que você não consegue fazer isso sozinho, então precisa chamar a atenção das pessoas que realmente importam e ter consciência, consistência e contundência ao se comunicar com elas.

Vou mostrar a você as histórias de algumas pessoas que havia oito anos ganhavam dez vezes menos. Esses ex-alunos explicam como eles gastavam seu tempo e como passaram a gastá-lo, e como utilizaram as ferramentas que apresento no método deste livro em prol de seu crescimento profissional.

Você verá como elas usaram seu tempo para aprender, como chamaram a atenção das pessoas relevantes em sua *Iceberg Framework* e como evoluíram sua MTR para chegar aonde estão hoje. Deixei somente as iniciais dos nomes para preservar a privacidade dos que deram seus depoimentos.

CASE: I. S.

Como gastou seu tempo: se capacitou, abriu a cabeça para o empreendedorismo.

Como chamou a atenção: se capacitou para aproveitar os contatos, teve o que mostrar quando encontrou a oportunidade certa para isso.

Eu estava em um momento de vida bem caótico. Era designer e estava fazendo alguns trabalhos como freelancer. Já tinha trabalhado um pouco com programação, mas profissionalmente estava bem perdido. Sabia muita coisa, mas não sabia executar ou aplicar. Com isso, não engatava em bons trabalhos. Ficava pulando de trabalho em trabalho em agências, até que recebi a notícia de que teria um filho. Isso ligou minha "turbininha" de "preciso olhar para isso", me fez pensar: *Preciso me achar, encontrar um caminho, pois tem uma criança vindo.*

Naquele momento, eu estava buscando recolocação de trabalho, [fazendo] cursos e especializações, e então me deparei com a Gama em um anúncio nas redes sociais. Vi toda a questão do processo seletivo e me inscrevi – na época eu trabalhava em uma agência e comentei com o diretor de arte que estava me inscrevendo, ele super me incentivou –, só que eu estava sem "um puto", sem nada no bolso. Se eu tinha 1,0 mil reais na conta bancária, era muito.

Eu estava recebendo ali, por mês, aproximadamente, entre os freelas e o fixo, entre 3 e 3,5 mil reais. Eu já sustentava minha mãe e meu avô, e agora estava vindo um filho. Eu sustentava a casa inteira e aquela grana não dava, eu sempre ficava no zero a zero ou devendo no cartão de crédito, o que acabava sendo um grande problema para mim.

Quando falei para a minha namorada na época, hoje minha esposa, que estava pensando em fazer a Gama, mas que não teria grana e teria de pedir emprestado para alguém, ela me disse que pagava, e eu me inscrevi. Ela até hoje brinca que foi o maior investimento da vida dela, o que mais deu retorno.

Foi um curso bem no começo [das atividades] da escola. Ele abriu muito a minha cabeça para negócios. Eu entrei como designer, já tinha sido programador, mas estava muito na cadeira de designer ultimamente, me inscrevi para a cadeira de design.

Me inscrevi, fui selecionado, passei, e lá eu conheci a Giulia, outra designer incrível com quem tive o prazer de trabalhar junto em dois projetos. Conheci alguns amigos que até hoje estão comigo, mas acho que o principal ponto da Gama foi abrir caminho no mercado de startup, que era um mercado que eu não conhecia, e mostrar um mundo novo para mim. Ela foi me preparando para os negócios, através dos *assignments*, dos desafios naquelas cinco ou seis semanas, e foi incrível.

Dei sorte, pois dois *cases* que peguei eram da Foxbit, uma empresa da qual eu já tinha visto uma palestra sobre *bitcoins*, [assunto] que me interessava, e aquela seria a oportunidade perfeita de eu conseguir um emprego lá, na feira de negócios. Dei a sorte de pegar dois *cases*, um de educação, em que construí toda a plataforma, e participar da construção do negócio em si, e aquilo me acrescentou demais.

Na feira de contratações, consegui tomar uma cerveja com o CEO da Foxbit, e essa foi uma das grandes viradas de chave da minha vida, porque a partir dali consegui o emprego. Ele não me contratou na feira, mas foi nela que conseguimos criar uma relação mínima: mostrei meu portfólio para ele, nos sentamos, conversamos, eu contei a história da minha vida. Isso fez com que ele se lembrasse de mim ao longo do tempo, e quando precisou de uma pessoa para construir o produto de educação, eu fui o escolhido por conta de todas as skills que eu tinha e pelas portas que a Gama tinha aberto para mim. Desde então, trabalhei na Foxbit. Lá também tive a oportunidade de empreender mesmo sem ter dinheiro, porque entrei com cabeça de empreendedor.

Entrei para fazer um produto de educação, fui responsável por toda a parte de negócios, produto e tecnologia, e era basicamente eu tocando essa linha nova de produtos. Consegui desenvolver um produto de educação, depois um de *Exchange*, e fui pulando de time em time, sempre inovando, construindo muitas coisas legais, mas sempre com esse perfil de empreendedor interno da empresa, em movimento, sempre falando para os fundadores do negócio que eu só fecharia meu ciclo ali dentro quando virasse sócio.

Depois disso, desenvolvemos vários produtos, e eu sou o empreendedor de um deles. É uma das maiores plataformas de *criptoweb* 3 do Brasil, em que trazemos educação e fazemos *onboarding* para as pessoas no mercado de cripto. Fazemos as pessoas ganharem cripto no dia a dia a partir de um conceito *act to earn*, algo novo no mercado brasileiro. Pivotamos os produtos muitas vezes, uma das coisas que aprendi na Gama, e hoje sou sócio dos fundadores da Foxbit nesse empreendimento.

Toda essa história que começou na Gama me fez sair de uma pessoa júnior para um empreendedor, CEO de uma empresa que hoje vale alguns milhões. Fiz meu salário ser multiplicado nos últimos seis, sete anos em dez, quinze vezes, e consegui trazer uma qualidade de vida muito boa para a minha família. Temos ainda muita coisa para fazer e construir, muito dinheiro para ser conquistado, mas sempre que conto minha história, menciono a Gama, porque foi ela que deu esse *start*, que conseguiu me fazer entender o mercado. Foi ela que abriu as portas do mercado para mim, então tenho muito a agradecer à Gama.

Hoje o Gael tem 6 anos e tenho uma segunda filha, a Maia, de um ano e meio. Estou com a minha esposa há sete anos, e ela também foi picada pelo bichinho do empreendedorismo. De tanto falar sobre isso dentro de casa, ela agora também virou empreendedora, somos uma família de empreendedores. Vamos passar isso para as crianças.

CASE: T. L.

Como gastou seu tempo: descobriu seu *ikigai* e investiu nele, aderindo também ao empreendedorismo.

Como chamou a atenção: aplicou em si mesma seus conhecimentos para convencer os demais sobre o poder do bom uso do branding pessoal.

Participei de uma das primeiras turmas da Gama. Na época, tinha acabado de sair da faculdade, trabalhava em uma empresa e recebia um salário de 1,4 mil reais. No meu último cargo, que ocupei até dezembro de 2023, estava ganhando quase 10 mil reais. Foi uma boa evolução em torno de quatro ou cinco anos.

Este ano, tomei a decisão de começar meu próprio negócio e me tornar empreendedora, algo que eu sempre quis. Sinto que, da época da Gama, você é uma pessoa que me inspirava muito. Eu me lembro de quando você contou a sua história, de como começou, das dificuldades que enfrentou, meu olho já brilhava por isso. Sentia que eu precisava acumular experiências em outras empresas antes de dar esse passo.

Não estou empreendendo na área de tecnologia. Eu era da área de marketing digital e acabei migrando para a área de branding, mas ainda trabalhando com bastante foco no digital. Fui entendendo que gosto muito de trabalhar com gente, e aí comecei a me interessar por branding pessoal.

Comecei a aplicar muitas coisas em mim para começar a me comunicar melhor, [comunicar] o que realmente faço, minhas entregas dentro da própria empresa, no mercado, no LinkedIn, no Instagram, e comecei a ver o quanto isso era potente. Comecei a compartilhar com outras pessoas, e elas foram tendo resultados também, e assim criei o meu método de branding pessoal, que é com o que estou trabalhando.

Hoje, tenho meu próprio negócio, sou mentora e consultora de branding, principalmente com foco em branding pessoal, tanto para pequenos empreendedores quanto para profissionais e especialistas de modo geral, que querem ter mais reconhecimento, atrair clientes mais sofisticados, ter uma imagem mais coerente, condizente e significativa no mercado, e essa é a minha realidade atualmente.

Ainda sobre o período da Gama, assim que concluí o curso, fui contratada pela Smart Watch, uma *fintech* de Belo Horizonte, e de lá fui para empresas maiores de tecnologia. Atuei na CI&T, na Take Blip, que é onde estava recentemente, até tomar a decisão de sair do mercado corporativo e empreender.

CASE: D. B.

Como gastou seu tempo: aprimorou seus conhecimentos e os aplicou à prática, trazendo o empreendedorismo para a vida pessoal.

Como chamou a atenção: trazendo resultados.

Antes de eu entrar na Gama, estava fazendo uma transição de carreira, saindo de TI (tecnologia da informação) e começando um trabalho como LDR (representante de desenvolvimento de leads). Entrei na Gama já conhecendo bastante de marketing e de vendas, e assim começaram a surgir oportunidades de trabalho. Na segunda semana do curso, já consegui um trabalho muito melhor do que o em que estava, e ali começou o meu desenvolvimento.

Menos de dois anos depois, eu já era *head* de vendas e estava implementando máquina de vendas. Desde o Gama XP8 até hoje, já montei mais de sessenta máquinas de vendas, e as empresas que se beneficiaram já faturaram muitos bilhões. Fui *head* em diversas empresas, CRO de mais três, e hoje sou sócio de três startups, além de consultor sênior e gerente de projetos na Receita Previsível.

Ganhava cerca de 2 mil reais e hoje ganho mais de 17 mil reais, fora os *equities* e as ações das outras empresas. Essa foi uma virada de chave muito importante na minha vida, conquistei o sucesso profissional que eu buscava desde novo, além de respeito e networking. Deu supercerto, e sou grato por tudo o que passei ali.

CASE: C. B.

Como gastou seu tempo: expandiu seus conhecimentos, buscou estar em processo de constante aprendizagem.

Como chamou a atenção: trazendo resultados, inclusive para além do que se julgava capaz de conseguir.

Eu estava em uma área comercial dessa empresa mesmo [em que atuo hoje], onde o projeto em que trabalhava foi descontinuado. Fui convidada para participar da reestruturação do comercial principal da empresa, que envolvia cyber segurança e criptografia.

Aceitei o desafio, mas ao mesmo tempo me deu um frio na barriga, porque eu não tinha noção nenhuma sobre o mercado tecnológico. Tenho uma experiência de mais de vinte anos, mas vim do mercado tradicional, do vendedor tradicional, do atendimento tradicional. Então, para mim, seria uma coisa muito diferente. Mas aceitei o desafio e todos estavam dispostos a me capacitar.

Fui interagindo com os produtos, os serviços, fui aprendendo com o time técnico e adquirindo conhecimento, estudando, pegando conteúdo, mas existia uma coisa ainda da qual eu sentia falta. Muitas das palavras usadas nesse ambiente eu não sabia o que eram, não entendia. Soft skills, *inside, outbound, inbound,* para mim tudo aquilo era novo. Eu tinha noção, mas para mim aquilo era tudo muito novo.

Como estavam implantando o processo de SDR [*Sales Development Representative*], que também era novo para mim, e precisavam que eu ajudasse nisso – até porque eu sempre fui uma pessoa de relacionamento com o cliente, e era uma coisa que a empresa não tinha e eu acabei trazendo para dentro da casa. Era um departamento comercial só de homens, e eles não tinham muito trato com relação a isso – eu comecei a trazer essa visão do que eu aprendi do tempo de atendimento pessoal, da parte de vendas tradicional, e aí eles pediram para eu ver algum curso para me capacitar, para montar a estrutura de SDR, de *inside sales*, de *inbound* e de *outbound*.

Comecei a fazer as pesquisas, ganhei três livros do meu CEO para me dar um ânimo. Comecei a ler, a ficar mais fascinada, aí fui atrás porque eles queriam que eu fizesse um curso no final de 2019.

Comecei a procurar na internet, vi alguns lances da Gama no Google, e uma pessoa do marketing que trabalhava comigo falou: "Da Gama eu já ouvi falar muito e parece que eles são muito bons nisso". Foi quando fui me informar sobre o que era o XP.

Descobri todo o conteúdo da imersão, que durava cinco semanas, mas tinha conteúdo para cinco meses, isso me chamou muito a atenção. Mandei para a diretoria, eles aprovaram, e entrou mais um desafio, porque eu teria que me deslocar de Campinas para São Paulo, e eles ficaram preocupados. Eu falei que para mim não era nenhum problema, nenhum empecilho. Eu vou. Tem certeza? Eu vou. Todos os sábados? Eu vou. E fui. Fui e para mim foi a virada de chave.

Na posição anterior que eu estava, ganhava 2,8 mil reais, como assistente de analista de vendas. Hoje, ganho muito mais e tenho comissionamento; são valores que eu jamais imaginei receber. De lá para cá, depois de toda essa virada de chave, decidi ficar como *inside*, e este ano estou passando para a *farmer*, como AM voltado para *farmer*. É o que eu gosto de fazer, e eles viram que traz resultados.

Quando eu assumi definitivamente a posição de *inside*, comecei no auge da pandemia, em março de 2020. Me deram uma meta que, para mim, era audaciosa, e não achava que ia conseguir. Mas fui trabalhando e, em vez de um milhão, bati quatro, além de conseguir uma das maiores contas para a empresa. Então foram quatro milhões. Do início de 2022 até meados de 2023, apoiei a empresa em outra área para além do que eu fazia, e ali também cresci bastante, adquiri muitos conhecimentos.

De julho do ano passado para agora, assumi uma nova posição, que é trabalhar com relacionamentos como *farmer*. Engajar grandes carteiras com as quais eu já lido, e cuidar de carteiras maiores ainda, que eram cuidadas pelo CEO. Vou passar a cuidar delas e trazer novos *players* para dentro da casa, novos serviços.

No ano passado, a meta foi bem razoável, consegui chegar perto. Este ano me deram uma nova meta, mas tenho uma meta pessoal. Estou muito feliz de estar iniciando como *farmer*, inclusive me capacitando muito mais. Estou fazendo especializações, custeadas pela empresa, e eles entendem que foi a escolha certa, porque sabem que o retorno vai ser bem favorável e mais rápido do que eles pensam.

Eu antes trabalhava com licitações de valores médios a baixos, e hoje trabalho com licitações com valores bem agregados e extremamente importantes para a empresa, inclusive licitações de trabalhos que são feitos pelos CEOs também. Eles me chamam [para ir] junto, pela confiança que têm em mim e pela lealdade. Eu sou muito grata. Depois da Gama, minha vida foi para outro patamar.

CASE: G. A.

Como gastou seu tempo: expandiu seus conhecimentos, se atualizou em relação às práticas do mercado.

Como chamou a atenção: renovando seus conhecimentos constantemente, aproveitando as oportunidades.

Eu era coordenadora de marketing de uma empresa superpequena de tecnologia, e a Gama foi fundamental para o meu crescimento e alavanca profissional.

Eu estava cansada de trabalhar lá, [pois] ganhava um salário bem baixo, apesar de ser coordenadora. Eram 3,5 mil reais, na época, para coordenar um time de quatro pessoas e, através da Gama, consegui a oportunidade de integrar a equipe do Rank My App. Na Gama, mudei minha carreira: era coordenadora de marketing e mudei para a área de dados. Fui trabalhar no marketing, sendo analista sênior de dados, e em um ano eu consegui subir para a coordenação, ganhando um salário muito maior.

A Gama foi fundamental para o meu crescimento. Hoje eu coordeno a área de dados do Rank My App e sou referência em liderança na empresa. Construí muita coisa em conjunto, e atualmente auxilio os times a tomarem decisões usando dados, além de montar toda a estrutura do CRM que a gente usa. Estamos implantando um CRM novo, e é meu time que está fazendo essa restruturação; já reestruturei muitos processos lá dentro.

A Gama me deu essa oportunidade de mudar de carreira, de ir para uma empresa muito acelerada. Cresci muito aqui dentro, e consegui sair de um salário de três e meio como CLT para um salário de quase 15 mil como PJ. A Gama mudou bastante minha carreira e minhas perspectivas, me fez olhar mais estrategicamente para as coisas e, principalmente, me deu outra visão de mercado: eu era muito estagnada na empresa anterior, porque ela usava metodologias antigas, e vim para uma startup, onde a vida é outra.

CASE: R. G.

Como gastou seu tempo: foi atrás do que ainda não conhecia, buscou suprir suas deficiências de conhecimento tecnológico.

Como chamou a atenção: doou o conhecimento que aprendeu.

Conheci a Gama Academy em um momento em que eu estava desempregada e cursando engenharia da computação. Tinha chegado na fase de fazer as matérias de tecnologia, mas ainda tinha muitas dúvidas porque [o tema] não é tão aprofundado na faculdade, mas, por outro lado, há muitos assuntos que são tratados de maneira muito extensa, e então você acaba não conseguindo assimilar. Em um grupo de mulheres foi falado sobre a Gama Academy, e eu achei superinteressante, vi que tinha um curso de *front-end*, e eu decidi fazer.

Entrei para o XP19, o que mudou totalmente meu mindset, me mostrou coisas com as quais eu não estava acostumada, me fez viver como se eu estivesse realmente trabalhando em uma empresa de tecnologia, isso ajudou muito meu crescimento. Durante o treinamento, pude aprender sobre *front-end*, que era o que eu buscava. Também aprendi muitas coisas como soft skills, que me ajudaram e me alavancaram na minha vida profissional.

No meu LinkedIn, havia quarenta ou cinquenta pessoas, e depois que eu entrei para a Gama, isso decolou de uma maneira sensacional. Depois que eu terminei o curso, fui para 300 ou 400 contatos, e depois foi fluindo. Após isso, tive uma oportunidade de trabalhar para a Gama, dando apoio aos professores, o que foi muito legal, e comecei a ganhar meu primeiro dinheirinho com tecnologia. Usando também meu conhecimento, ajudei como voluntária, em mentorias de *front-end*; então pude devolver para a comunidade o que eu aprendi, o *Give Back* que a gente aprende muito na Gama, [que ensina que] não é só você aprender, é também devolver o que aprendeu.

Depois disso, fiz um teste e passei em uma multinacional, a NTT Data, onde me abriram portas maravilhosas, e ali pude aplicar muito do meu conhecimento. Dentro da NTT, surgiu uma proposta para eu trabalhar na PagoNet, que é uma empresa do grupo Santander, que atende a parte de GetNet – GetNet Argentina, México, Chile –, e isso foi maravilhoso para mim.

Sem toda essa base, sem todo esse conhecimento, sem todas essas soft skills, sem medo de errar, eu não teria conseguido chegar aonde cheguei e não conseguiria ter apresentado minhas ideias como apresento hoje.

CASE: A. L.

Como gastou seu tempo: estudando, se atualizando, superando a estagnação.

Como chamou a atenção: demonstrando proatividade.

Fiz o curso de Growth no Gama Experience em 2019 e o de Product Management, também em 2019. Eu já atuava na área de inovação, estava bem próximo de desenvolvimento de produtos, startup, então essa era a minha vida já há cinco anos. Só que eu ganhava um salário bem abaixo [da média de mercado].

Quando peguei essas certificações, surgiu seis ou sete meses depois uma oportunidade de ir para a Localiza, e fui para lá tocar o time de compra de carros com um salário bem melhor, que já estava em quase 6 mil reais. Fiquei lá um ano e pouco, e recebi uma proposta da Clear Sale para tocar uma *spin-off* dentro do grupo que eles criaram só de *spin-offs*. Fiquei lá por pouco tempo, mas consegui entregar resultados, e o salário também melhorou bastante.

Saí da Localiza por conta da perspectiva mesmo. Fui para essa *spin--off*, fiquei lá três meses, mas houve uma demissão em massa; foram eu e mais oitenta pessoas [demitidas]. Nesse ponto eu já estava entendendo como o mercado estava, porque foi uma das primeiras demissões em massa que aconteceram. De todas as entrevistas que eu fiz e de todos os processos seletivos pelos quais passei, inclusive de alguns grandes, passei em umas sete ou oito empresas. Escolhi essa por conta da segurança, do salário bom de quase 13 mil reais com os benefícios, e estou nela até hoje. É uma fintech, e atuamos direto com a indústria, acabamos de lançar um produto com a Intelbras que se chama Intelbras Pay.

A Gama Academy me trouxe essa visão prática de conseguir olhar para números, trabalhar o tempo inteiro e querer resolver problemas. Isso me manteve muito no mercado, pegar e resolver, além de olhar bastante para dados de forma prática e eficiente, não só olhar. Os dois cursos trouxeram muito isso; o curso de Project Management da Gama realmente [entrega o que promete], porque já fiz outros, e ele foi um dos que mais trouxeram mão na massa, de forma prática e rápida. Tem curso que traz coisas que você não usa em gestão de produtos, porque querem te passar um cenário ideal que não existe. Tem muita coisa que os cursos explicam, só que na realidade a coisa é outra.

CASE: Y. K.

Como gastou seu tempo: saindo da estagnação e buscando conhecimento.

Como chamou a atenção: aplicando na prática os novos conhecimentos adquiridos nos cursos de capacitação.

Antes de entrar na Gama Experience, eu estava desempregado. Estava na última parcela do meu seguro-desemprego, sem perspectiva nenhuma. Fazia várias entrevistas, mas não conseguia passar [em nenhuma delas].

Antes, eu trabalhava em uma loja de decoração e ganhava cerca de 1,7/1,8 mil reais (o que não era tão pouco assim), mas hoje em dia eu estou na Honda como analista sênior de marketing. Fui designado para criar uma área de *customer experience*, uma área de *data driven* lá dentro, para justamente achar *insights* de marketing, [algo] bem parecido com as coisas de Growth que aprendemos na Gama Experience.

Antes da Honda, eu trabalhei na Mercedes-Benz, que foi outra experiência em que usei muito do que aprendi na Gama, principalmente na área de *design thinking*, de metodologias ágeis. Acabamos usando bastante até hoje esse conhecimento, o que me foi muito útil. Sempre que vou fazer entrevista, falo dos desafios que tive na Gama, de criar os leads, de criar eventos muito rápido, que é uma coisa pela qual as empresas se interessam muito.

Hoje em dia, estou sempre com a questão do *life-long learning*, que os professores comentavam. Antes disso, eu estava estagnado, parado, sem perspectiva nenhuma.

Espero que esses casos lhe inspirem e ajudem a entender que a grande *skill* do futuro é aprender e aplicar os conhecimentos adquiridos, e assim sucessiva e constantemente, ao longo da vida. Fico feliz que tenha chegado até aqui e aplicado o método do livro; você já é uma nova pessoa só por conta disso. Sigamos aprendendo!

A REMUNERAÇÃO EXPONENCIAL SÓ ACONTECE DEPOIS QUE VOCÊ ABSORVE O PODER DO TEMPO E O TRANSFORMA EM AÇÃO E APRENDIZAGEM.

@GUIJUNQUEIRA

COMO USAR SEU TEMPO É UMA ESCOLHA

arabéns, você chegou ao fim do livro e entendeu quanto tempo o tempo tem. E, principalmente, qual o valor que o tempo tem. Neste momento você já passou por todas as fases, métodos e *frameworks* pelos quais eu passei pessoalmente na minha carreira, e com os quais também ajudei mais de 50 mil alunos a evoluírem em suas trajetórias profissionais e pessoais e terem uma remuneração dez vezes maior.

Quero parabenizar você que chegou até aqui pelos seus esforços e, principalmente, pelos seus resultados! Após a leitura e a prática dos exercícios deste livro, você provavelmente está sendo visto como um doido, um *outsider*; aquela pessoa diferente, mas que soube dizer não; que conquistou a própria independência cortando as crenças que o acabavam afastando da prosperidade e do que ela pode trazer até você.

Neste momento, quero dizer que você precisa continuar seu progresso com um mindset de empreendedor, um corpo de atleta, um coração de Jesus e um espírito de artista. Leandro Aguiari é um cara em quem me inspiro e ele sempre diz isso, então faço questão de honrá-lo com esse que é o mantra da minha vida.

O empreendedor tem três fases: a de "porra-louca", até os vinte anos; a da construção, até os quarenta ou cinquenta; e a de fazer o que você efetivamente deseja e para o que quer dedicar seu tempo, depois dos cinquenta. Continue nesse gás, não ache que você já chegou a algum lugar, pense sempre mais adiante. Olhe para os outros, olhe para as pessoas ao seu lado.

Como eu disse no meio deste livro, é preciso ajudar os outros. Primeiro, bote a máscara de oxigênio em você, depois em quem está próximo. Ensine o que você faz a outras pessoas. O único caminho da riqueza é o empreendedorismo, e por uma equação muito simples: como profissional aprendi e entreguei. Como profissional fui valorizado e cresci. Esse crescimento precisa ser potencializado.

Assim, como empreendedor ajudarei outros profissionais a crescerem, e por fazer outros profissionais crescerem, eles também cumprirão esse ciclo de ajudar outras pessoas. É aí que mora a riqueza: a partir do momento em que você entende que esse *game* não tem a ver com dinheiro, mas, sim, com mudar vidas; entende que o propósito é romântico, mas precisa estar casado com o pragmatismo.

Propósito e pragmatismo precisam andar juntos em um casamento perfeito. Separados, eles são perigosos. Um propósito romântico sem pragmatismo acaba se afogando em sua própria ingenuidade ideológica, e pode levar à frustração uma pessoa pobre de carteira e de espírito. Já a pessoa muito pragmática e guiada somente pelos resultados pode se tornar ambiciosa e passar do ponto, tornando-se gananciosa, alguém que busca atalhos o tempo todo para justificar aquilo que não tem, tentando mostrar aquilo que quer ter.

Há um provérbio árabe que diz que quando você atingir a riqueza, deve viver sete anos como pobre. Assim que findarem os sete anos, você será efetivamente rico. Isso é maravilhoso, pois agora que você entendeu que o sucesso pode vir em sete, dez anos, pode compartilhar essa sabedoria adquirida passando-a adiante e transformando ainda outras vidas.

Sabe aquele seu sobrinho que você acha que sempre foi esperto? Ajude-o contando o que aprendeu neste livro. Sabe aquele seu bom funcionário que saiu da empresa porque achava que você não era um bom líder? Chame-o de volta e mostre em quem você se transformou. Peça para ajudá-lo, para ser seu mentor. Sabe aquela pessoa que você sempre criticou por considerá-la difícil? Entre em contato e a agradeça por ela ter ajudado você a tornar quem se tornou. Não existem pessoas difíceis, existem pessoas que demonstram competências e atitudes que você ainda não desenvolveu.

Quero lhe parabenizar por ter cumprido essa primeira jornada, ter finalizado o primeiro de seus ciclos. Ao escrever este livro também estou começando um novo ciclo, e ainda falaremos muito de negócios, empreendedorismo e, principalmente, de educação, aprendizagem, neurociência e paternidade. Hoje, não existe riqueza maior em minha vida do que meus filhos. Minha família é a maior *valuation* que tenho.

O uso do tempo é uma decisão, uma escolha; você se dedicará, dos seus vinte aos seus cinquenta anos, a conseguir a atenção das pessoas que realmente importam, para que profissionalmente seja bem-sucedido – e bem-remunerado por isso.

Não se esqueça, porém, de que você precisará utilizar esse mesmo tempo para lidar com as abstrações da vida, o que significa que ter muito dinheiro, mas não ter amor pode levá-lo a não sair do lugar ou tentar coisas ruins contra a própria vida. O excesso de dinheiro e de acesso às pessoas, se não for bem utilizado, pode levar à depressão.

O tempo na Terra é igual para todo mundo. São vinte e quatro horas não só para você conquistar o que deseja profissionalmente, mas também para dar e receber amor. Perdoe as pessoas que o feriram e se dê uma oportunidade para ser uma pessoa melhor, aprendendo sempre.

Aproveite o seu tempo, seja e esteja *presente*!

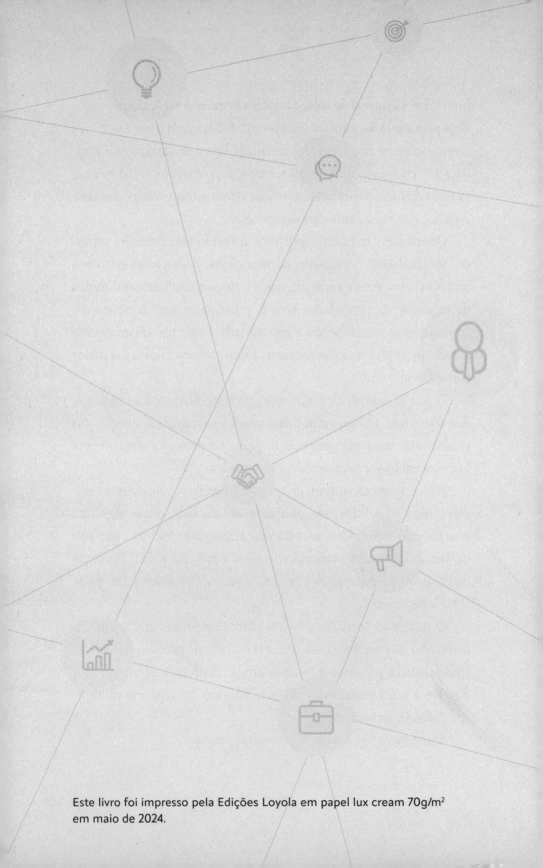

Este livro foi impresso pela Edições Loyola em papel lux cream 70g/m² em maio de 2024.